U0929618

XIANGKETELE
XUEYINGXIAO

向科特勒学营销

薛　波◎著

中华工商联合出版社

图书在版编目（CIP）数据

向科特勒学营销/薛波著．—北京：中华工商联合出版社，2016.8

ISBN 978-7-5158-1758-3

Ⅰ.①向… Ⅱ.①薛… Ⅲ.①市场营销学 Ⅳ.①F713.50

中国版本图书馆 CIP 数据核字（2016）第 204997 号

向科特勒学营销

作　　者：薛　波
出 品 人：徐　潜
策划编辑：侯景华
责任编辑：侯景华
封面设计：戚开刚
责任审读：郭敬梅
责任印制：迈致红
出版发行：中华工商联合出版社有限责任公司
印　　刷：三河市宏盛印务有限公司
版　　次：2016 年 10 月第 1 版
印　　次：2016 年 10 月第 1 次印刷
开　　本：710mm×1020mm　1/16
字　　数：192 千字
印　　张：14.25
书　　号：ISBN 978-7-5158-1758-3
定　　价：39.80 元

服务热线：010-58301130
销售热线：010-58302813
地址邮编：北京市西城区西环广场 A 座
19-20 层，100044
http：//www.chgslcbs.cn
E—mail：cicap1202@sina.com（营销中心）
E—mail：gslzbs@sina.com（总编室）

前　言

随着金融危机的不断涌现，股市低迷、物价上涨、经济疲软等现象此起彼伏，国际和国内市场环境不断变化，这更促使顾客的消费观念和消费需求有所转变，随之而来的，是企业开始承受前所未有的竞争压力。如何才能在日益激烈的市场竞争中立于不败之地？如何才能更好地满足顾客的需求？如何才能把自己的产品销售出去？这些问题时刻困惑着现代企业。

要想为自己的企业在市场中赢得一席之地，需要有好的营销策略，而菲利普·科特勒正是给我们带来好的营销策略的营销学大师。

科特勒是国际商学界的泰斗，就像爱因斯坦是现代物理学的奠基人一样，“科特勒”这一名字几乎成为了营销学的代名词。科特勒见证了美国历史上近四十年经济的衰落与繁荣。多年来，他一直致力于市场营销、营销战略与规划等方面的研究，据此沉淀而成的多部恢宏巨著记录下了完整的营销理论，并影响着一代又一代世界各地的企业家。

科特勒不仅是一位出色的理论大师，他还把毕生研得的营销学理论积极地应用到实践中，例如，他曾担任很多跨国企业的顾问，这些企业包括我们熟知的IBM、GE、北欧航空、米其林以及惠普等；他还密切地关注亚洲的经济发展和营销状况，并应邀到北京、上海、香港、东京等地发表营销的专题演讲，且先后出版了针对亚洲市场和具有中国市场特性的著作《亚洲新定位》《科特勒看中国和亚洲》等，对亚洲的经济发展尤其是市场营销界作出了不可磨灭的贡献。

虽然科特勒的营销理论著作足够帮助企业解决所面临的诸多问题，但是，要想从众多的科特勒的著作中快速找到“为你所用”的针对性内容，也并非一件容易的事。为了便于营销人员更加全面地了解科特勒的营销理论，我们用精简的语言对科特勒的思想进行了系统的梳理，保证一书在手，便可以尽览科特勒营销思想的精华之处。营销理论与营销实践的紧密结合，便是我们编写本书的目的。

本书所述的营销理论，大多源于科特勒潜心研究的成果，其中有科特勒的原话，也有经过作者精心提炼过的浓缩概述，句句经典，条条妙语；案例部分则是国际上一些大企业的现身说法，既有代表性，又有启发性，是现代企业参考的绝好样板。理论让我们学会思考，案例则给我们的营销工作带来启迪。

本书先从营销认知开始，让读者随作者的脚步走进营销的世界，从根本上认识营销这一学科，然后从营销环境、营销信息、营销战略、品牌营销、广告宣传、口碑营销、网络营销和营销的国际化、差异化、竞争及社会责任等方面分别阐述，使读者对营销有一个全面的了解。

这是一本不可多得的能够全面了解科特勒营销思想理念的实用指导书，希望广大读者，特别是处于营销行业的读者，把在本书中阅读到的精辟论断应用到营销实践中去，真正做到学以致用。

在本书的策划与创作过程中，作者得到了王应黎、段凤娟、郑月玲、唐秀娟、郭东华、唐洪飞、崔俠、郑海龙、郑茂章、谢俊超、唐荣银等人的大力支持和帮助，在此向他们表示感谢。

由于编写时间仓促和水平所限，书中难免出现一些疏漏和瑕疵，望广大读者给予谅解，并批评指正。

目　录

第一章 营销认知：营销是企业最核心的职能

营销在我们的生活中无处不在，科特勒认为它是企业最核心的职能，企业和每一位营销人员都需要去了解它，因为正确地认识营销，是做好营销工作的第一步。

市场营销，无处不在

科特勒认为：营销无时不在，营销无处不在，且营销在不断地发展变化着。

的确，营销是无时、无处不在的，例如，你刷牙用的水杯，乘坐的公交车，口袋里揣着的手机，正吃着的饕餮美食，等等，都经过营销的过程。而我们去某公司应聘，在学校的课堂上回答问题，到喜欢的舞台上表演节目等，也都是在进行自我营销。营销无处不在，它正潜移默化地改变着我们的生活。当我们如愿去某大公司任职，因答对问题而受到老师的表扬，或者因表演精彩而赢得观众的掌声时，我们则会更加意识到营销的强大力量。

个人需要营销，只有懂得自我营销，才有推销自己的机会，如果你是一匹千里马，才有被伯乐发现的可能，才能在人生的舞台上缔造属于你的辉煌。

无论我们的身份和地位有什么差别，无论我们所处的环境有多么不同，我们都需要营销，只是我们营销的产品不同罢了。

个人如此，企业也是如此，任何一个企业都离不开营销，产品通过营销才能体现其价值。

有些人可能会说："好酒不怕巷子深。"其实，这种时代已经一去不复返了，母鸡下蛋后叫几声已经不再被认为是在炫耀，老王卖瓜也不会被认为是在自夸，在当今的市场经济形势下，营销是必不可少的，企业再强大、产品再好、附加值再高，如果没了营销，人们也无从认知，更谈不上被消费者接受。卖不出去产品的企业只能等着关门大吉了。

只要有资金流动的地方，就有市场营销：工业区、生活区、商场、批发市场、淘宝、京东，甚至于公园、KTV、酒店等，都是以营销模式在运作的。如果没有营销，我们的生活不但没有任何快乐而言，还会变得一团糟。

既然营销无处不在，那么，你是否真的了解什么是市场营销呢？

"市场营销"又称"市场学"、"市场行销学"或者"行销学"，也可以简称为"营销"。是指个人或集体对其创造的产品或者产品价值与他人交易，来获取自己所需的物品，实现双赢或者多赢的过程。简单来说，市场营销就是满足需求。

市场营销的定义并不是固定不变的，因为其内容太过宽泛，便衍生出很多种对市场营销的解释。1984 年，五十多岁的科特勒经过分析研究，重新对市场营销下了定义，他认为，市场营销是指企业的一种职能，即认识目前未满足的需要和欲望，估量和确定需求量大小，选择和决定企业能最好地为其服务的目标市场，并决定适当的产品、劳务和计划（或者方案）。从中可以看出，科特勒强调的是营销的价值导向。

科特勒认为，任何企业都能借助营销塑造各自的品牌形象，加强顾客对品牌的忠诚度，使深入人心的品牌力度变得更加强势无敌。营销为企业和消费者搭建了一个良好的沟通渠道，为企业赢得了利润，为消费者提供了服务。

“营销”不等于“推销”

科特勒认为，将“营销”等同于“推销”并不仅仅是一般大众常犯的概念混淆，很多商界人士也常把“营销”看作是“推销”。这两个词虽然只有一字之差，却有着天壤之别。

科特勒一再强调，营销始于公司制造产品之前，这足以证明营销并不等于推销。科特勒还从以下几点对营销和推销进行了区分。

首先，营销重视的是买方的需要，推销重视的是卖方的需要。

企业的营销人员在产品没有制造之前便已经在考虑如何去满足消费者的需求，然后依据消费者的需求来设计产品。产品开发中以及形成产品后，产品的质量、花色、定价以及销售等，都是根据消费者需求来进行决策的。而传统的推销，是以销售出企业现有的产品、实现企业赢利为主要目的。很显然，营销的出发点是市场，推销的出发点是企业。

其次，营销的范围广泛，推销则只是营销活动中的一个环节。

营销包括市场营销调研，选定目标市场，产品开发、定价、促销、售后等，而推销只是营销的“冰山一角”，是企业营销人员的职能之一，所以，管理学大师彼得·德鲁克曾说，“营铛的出现使推销变成了多余”，的确如此，如果企业对产品进行的市场营销是成功的，这种产品就会赢得消费者的喜爱，并树立起良好的口碑，当口碑迅速传播后，自然就不太需要推销了。

最后，营销采用的是整体营销手段，推销侧重的则是推销技巧。

营销手段包括广告营销、关系营销、媒体营销、口碑营销、品牌营销、网络营销、整合营销等，而推销只是营销采取的手段之一。但是，虽然“推销”只是营销组合的一个组成部分，却也是营销不可缺少的重要功能。

既然“营销”不等于“推销”，那么，营销人员便不能简简单单算作推销员了。传统的推销员需要掌握一定的推销技巧，如保持微笑、注重仪表、学会赞美、待人真诚等，而营销人员除了要具备推销人员的一切要求和产品推销的经验外，还要具有丰富的市场营销知识，具备识别商业机会与捕捉商业机会的能力，具备良好的团队精神，和团队人员一起出色地完成销售任务，熟悉各种不同的营销手段等。营销人员可以做推销工作，但推销员却不能完全胜任营销工作。

此外，有些企业设有专门的营销部门，所以便又多了这样一种误解，“营销仅仅是企业里的一个部门而已”。科特勒曾就这个问题进行过专门的论述。企业的营销部门负责的是决策和落实营销工作。如果把“营销”只看作一个企业的部门，而没有实质性的工作，那么，即使这个部门是业界最好的营销部门，依然会在市场上一败涂地。有些知名的企业家甚至认为，企业内部所有的部门都是在为营销部门服务的，因为营销太过重要，一些营销任务需要其他部门的配合才能顺利完成。

总之，营销是一种真正的战略，不容小觑。

满足需求是营销学的根本任务

营销学是一种新型的社会经营哲学，是一门研究企业经营与销售活动的学科。科特勒认为，营销就是发现需求、制造需求、满足需求的社会管理过程，在这个过程中，一切以满足顾客需求为出发点，顾客需要什么，企业就生产什么。通过制造、传送产品，以及最终用消费产品来达到满足顾客需求的目的。简而言之，市场营销的一切有关活动都要以顾客需求和饱含的期待为导向，一旦脱离，便不能称之为营销了。

作为现代营销学之父，科特勒不但拓展了市场营销的概念，还认为市场营销在赢利的同时满足了人们的需求，这便是企业存在最重要也是最根本的任务。

举个简单的例子。

随着科技的不断进步和时代的瞬息万变，人们迫切需要一种新的通信方式来和外界联系。首先企业要发现人们的这种需求，然后据此来开发产品，于是便有了我们现在使用的手机、网络和各种通信软件等。开发出产品之后，企业还要以顾客需求为导向进行质量方面的改善，样式方面的调整，服务方面的优化，等等。营销过程的每一个环节看似是孤立的，实则都是以“满足顾客需求”这条线串联起来的。

优秀的企业都懂得如何去满足顾客的需求，优秀的营销人员则必须要具有管理顾客需求的技能。对营销人员来说，努力理解目标市场的需求是头等大事，是重中之重。

事实上，满足顾客需求并不仅仅是企业营销部门和营销人员的任务，企业的其他部门同样也要把满足顾客需求当作首要任务，因为只依靠营销部门是无法达到这一要求的，它必须与企业的其他部门密切配合，通力合作，才能向顾客提供卓越的价值。从这一层面上来说，“为顾客着想”，全力以赴地营造出优质的产品与服务，并最大限度让顾客感到满意也是企业的根本任务之一。

不可否认的是，越来越多的企业意识到了“顾客至上”的重要性，很多企业将其作为一个信念广为宣传，尤其是作为直接面对顾客的零售业，“顾客永远是正确的”已经成为一句至理名言。

综观所有成功的企业，它们都有一个共同点——就是以顾客为中心进行市场营销。

营销九大法宝，缺一不可

每位营销人员都想营销成功，但这并不是非常容易的事，要想成功营销，需要遵循一定的原则，以下便是科特勒认为营销制胜的九大法宝。

1. 以更高品质取胜

人们都认可不好的产品品质会对企业带来损害这个观点。买到品质差的产品而满腔怒火的顾客，下次不仅不会再度惠顾，而且还会对公司大加批评。科特勒认为，企业要想以高品质取胜，需要讨论以下四个问题：

（1）品质的意义有许多种。如果某汽车公司宣称自己的产品品质非常好，那么这意味着什么？它生产的汽车在启动时比较稳定吗？汽车加速比较快吗？汽车车身在长期保有中不容易受损吗？客户不同，关心点也不同，所以说，如果不对品质做进一步的定义，那么品质的说法就没有多大的意义。

（2）人们往往无法从外表来判断产品的品质。以买电视机为例，你在进入电器商场后，会看到各式各样的、声音和影像都很好的电视机陈列在你眼前，但是你的注意力肯定会放在你比较欣赏的几个著名品牌的产品上。就拿画质来说，电视机基本上大同小异。尽管电视机的外形不一样，但你却无法据此来判断其耐用度。你也不会要求店员将电视机的后盖打开，来检查电视机零件的品质。最后，你会在没有其他客观证明而只根据品质形象的情况下决定购买哪一种。

（3）在大多数市场中，几乎每家公司的产品品质都大同小异。在这种情况下，品质已经不再是品牌选择的决定因素。

（4）有的公司一向以“拥有最高品质”而著称，比如，美国摩托罗拉公司广泛宣传的六西格玛品质。难道真的会有很多人需要这种高品质的产品，并愿为此付高价吗？为了达到六西格玛的品质，这家公司又花费了多少成本呢？如果一味地追求最高品质，那么，所花费的成本就会过于高昂。

2. 以较佳的服务取胜

科特勒指出，人人都希望能够得到好的服务，但是客户对“好的服务”的看法却因人而异。就拿餐饮服务来说，有的客户希望服务员早点出现，能够准确记录菜名，并且上菜迅速；而有的客户却会认为服务员的动作这么快，是为了迎接下一批客人。任何一种服务都有它的一组特质，比如速度、诚挚、知识以及解决问题等。一个人在不同的时间和不同的场合，会对一种服务的特质有不同的要求，由此看来，企业仅靠宣称拥有较佳的服务是远远不够的。

3. 以较低的价格取胜

对许多公司来说，低价战略通常都是有效的，像全球最大的家具零售商“宜家”，全球最大的日用品零售商“沃尔玛”，以及美国最赚钱的“西南航空”都是成功的例子。但是靠低价而执市场牛耳者要小心了，更低价的企业也许会突然进入市场。西尔斯百货的低价战略实行已久，直到被沃尔玛以价格战打败。单凭低价战略并不足以使企业在商场上立足。当年南斯拉夫的雨果汽车的价格够低了吧，但其品质真的不敢恭维，以致最终被淘汰。除了价格外，品质和服务也必须同时保证，这样才会让顾客认为物有所值，从而产生购买欲望。

4. 以高市场占有率取胜

通常，市场占有率领导者的获利能力要高于追随者。他们享有规模经济和较高的品牌认知度。市场上存在所谓的“花车效应”，第一次购买某产品类别的消费者，对市场占有率最高者的产品比较有信心。但是有很多市场占有率高的领先企业却不一定能赚大钱，比如，A&P公司多年来一直是美国最大的连锁超市，但利润却少得可怜。20世纪80年代，IBM公司、西尔斯百货以及通用汽车公司的表现远不如规模较小的竞争者。

5. 以量身打造与定制取胜

科特勒指出，很多客户希望企业能够为自己量身打造所需要的产品与服务。企业发快递时可能会希望联邦快递公司每天的收件时间是下午7时而非下午5时；投宿旅店的客人可能只住宿不到一天的时间，并且希望少付房费。这种需求正代表企业可以设法满足的机会。但对很多企业来说，为每位客户量身打造的成本太高。可能“大量定制”对某些公司是可行的，但不少公司都认为这样做无利可图。

6. 以不断的产品改良取胜

科特勒认为，持续的产品改良是一种稳扎稳打的战略，尤其是在产品居领先地位时，但并不是任何产品改良都值得做。如果客户被告知有某种比较好的洗洁精、比较锋利的刮胡刀片、跑得更快的汽车，他们愿多付多少钱呢？有的产品几乎已达到了产品改良的极限，再次改良的意义并不大。

7. 通过产品创新取胜

“不创新，就只有从市场上消失。”这句话一点都没错，比如索尼公司与3M公司，都通过导入非常好的新产品从而取得了巨大利益。但是，一般的公司却不敢对新产品的导入放手一搏。那些有品牌的消费品在市场上的失败率依然高达80%左右，而工业品的失败率大约有30%。令企业进退两难的是，如果它不导入新产品，就可能在市场上消失；如果导入新产品，也可能会造成部分的损失。

8. 通过进入高成长市场取胜

通信业、电子业、自动机械业以及生化科技业，都是让人看好的高成长市场，一些市场领导者已经在这些市场中大赚了一笔，但有50%进入高成长市场的企业却黯然失败。以计算机绘图软件业为例，假设在某个地区有100家新的计算机绘图软件公司开张，最后能屹立于市场者恐怕没有几个。市场一旦接受某一品牌为业界标准，那么，该公司就可坐享销售量和后续不断增加的订单。在一些成长快速的产业中，产品淘汰的速度很快，任何公司都必须不断地投资研发，来追上市场的脚步。它们往往在上次提供的产品或者服务获得利润回收前，就要投资发展其替代产品。

9. 通过超出客户期望取胜

“成功的企业是那些永远超出顾客期望的公司”是营销大家们的一

句老生常谈。符合顾客的期望只能满足顾客，而超出顾客的期望才能让顾客眉开眼笑，而眉开眼笑的顾客极有可能会再次光临。

但问题是，当公司的表现超出顾客的期望后，下次他们的期望就会更高。超越更高期望的任务会更难达成，花费也会越来越多。最后，公司只得以符合最新的期望作为自己的任务。

现在有很多客户都希望能享有高端的品质、高度的便利性、额外的服务、老客户特别优惠、保证产品的使用年限等，还要求付最低的价格。很显然，各公司都必须要明确在利润许可的情况下能满足客户的哪些需求。

成功营销的关键是提高顾客的满意度

科特勒曾说，顾客高度的满意会导致高度的忠诚，这既是营销的目标，也是科特勒现代营销理念之一。科特勒曾在其著作中多次强调，消费者所理解的产品效能与其对产品期望值的比较，决定了顾客满意的程度。如果产品的效能低于顾客的期望，购买者便不会感到满意。如果产品效能与顾客的期望值相当，购买者就会感到满意，而如果效能超出了顾客的期望，购买者则可能感到非常高兴。

所以，商家在宣传自己的产品时，如果向顾客承诺了一大堆条件，而实际上却做不到时，是决不会赢得顾客的忠诚的。只有在所提供的产品效能超出其所提供的承诺时，才能取悦顾客，使其成为自己的忠诚用户。

通常来说，顾客对产品的期望值建立在以下的一些信息上，如自己以往的购买经验、朋友们的意见或是商家的承诺及其竞争者的水准。对营销者来说，设定正确的期望值是一项必须细致去做的工作。如果他们将产品的期望值设定得太低的话，虽然可能会满足甚至超出一部分购买者的要求，但却不能让足够多的顾客对产品产生兴趣。而如果营销者将期望值设定得太高，则可能让那些初次使用的人就感到失望，而这种负面情绪往往具有传染性，极不利于产品的进一步推广。

有时，让顾客满意可能意味着“失去顾客”，因为当你的产品不能满足顾客的要求时，顾客可能会选择退货。面对这种情况，企业所能做的就是及时答应顾客的退货要求，并做出合理的解释以消除他的不满，因为企业哪怕失去一笔交易，也不能让顾客失去信心，更不能因为一位失望的顾客而影响其他人的信心。

在那些最受欢迎的企业里，让顾客满意是其最成功的企业文化之一。它们不光在现有的条件下做到让顾客满意，而且会预测顾客的期望和欲望，来追求更高标准的顾客满意度。

精确营销能够提高企业效益

当前营销的一大趋势是精确营销。精确营销指的是企业直接运用自己的资源去做更多具体的事情，从而获得更高的收益。

精确营销，它要求建立客户关系，并且能够利用客户数据库，有着较高的精确要求。虽然烦琐，但是会带来好处：便于精确锁定客户群，可以衡量广告，可以测试成本，还可以预测利润。

随着市场的发展，“以客户为核心”的营销理念正在将营销推进精确营销的境界。精确营销，就如同现代战争中利用先进的定位系统来有效打击目标的做法。而传统的营销模式与之相比较，有些类似于战争中的狂轰滥炸。当产品的质量日趋同化，价格竞争使得利润空间日渐薄弱的时候，为了更有竞争力，在竞争中体现出差异性，企业纷纷高举品牌、文化牌和服务牌等。

科特勒认为在这种局势下，哪家企业能够把握住客户需求，分析对趋势，走在潮流的前面，并且将个性化服务作为营销的重要组成部分，哪家企业就能够将营销工作做细、做透、做深，市场的更多份额也就能够被其牢牢占据。

精确营销其实就是企业如何增加营销效益。一者，营销开始更加重视技术，比如营销的自动化；再者，营销的过程，涉及的不仅仅只是创新，还包括财务因素，对投资回报进行计算。无数事例表明，现代市场经济的发展需要精确营销，这是精确营销的优势，而且其必将成为营销的未来发展趋势。

科特勒表示，精确营销意味着企业会用更低的成本，去做更多具体的事情，从而获得更好的收益。在现代市场中，追求高效率以及存在的诸多需求，企业无疑会从精确营销上获得巨大优势，能为企业赢得“比赛”胜利，是一种“有的放矢”的有效战略。

做“营销梦想家”首先要摆脱旧式营销思维

营销人员要想获得营销的成功，还要勇于摆脱旧式营销思维，采用别具一格的思维模式来开展营销活动。

我们经常会听到很多企业的负责人在抱怨他们的营销没有发挥功效。科特勒认为，有些公司在营销上虽然花钱很多，却未见到成果，原因之一，是他们把钱花在和以往相同的旧式营销之上了，极端守旧的做法有如下几点。

- ⊙ 把营销和销售的概念混淆了，将两者置于同等的地位
- ⊙ 强调争取客户而非照顾客户
- ⊙ 试图在每笔交易而非在处理“客户终身价值”上获利
- ⊙ 以成本加成法而非目标定价法来决定价格
- ⊙ 单独考虑各个沟通工具，而非整体考虑营销沟通工具
- ⊙ 不试图了解并符合客户的实际需求，只是一味地设法销售产品

上面列出的这六种思维模式，被科特勒称之为“穴居营销”——意思是说，守旧传统，没有创新意识。

“幸运的是，旧式的营销思维正让位给比较新颖的思维方式。”科特勒表示，“聪明的公司正致力于提高客户知识、改善联结公司客户的科技，增加对客户经济学的了解。它们会邀请客户合作设计产品；会因应市场的变化而对所提供的产品和服务做灵活的调整；会使用目标更精准的媒体，并运用整合性的营销沟通，在每一次接触消费者的时候，都传递出一致性的信息；会利用更多诸如会议、销售自动化软件、互联网、企业内部网络和企业外部网络等科技；让客户随时都可以通过免费电话和电子邮件与公司取得联系；找出让公司获利更多的客户，并设定不同程度的服务；把渠道商视为伙伴，而不是唱反调者。总而言之，它们已找出了把优异的价值传递给客户的方法。”

科特勒指出，通过发明新方式来创造、沟通并传递价值给目标市场的公司，将会因此而获得丰厚的利润。他把通过此种方式获得成功的人称为“营销梦想家”。

迄今为止，被科特勒尊为“营销梦想家”的人有30位，这些人包括联邦快递的董事长弗雷德·史密斯、苹果计算机的CEO史蒂夫·乔布斯、微软帝国的创始人比尔·盖茨、戴尔计算机的总裁迈克尔·戴尔、“麦当劳之父”雷·克罗克以及沃尔玛连锁超市的山姆·沃尔顿等。

什么是客户的让渡价值

客户是价值最大化的追求者，在一定的搜寻成本和有限的知识、灵活性和收入等因素的限定下，会形成一种价值期望，并据此做出行动反应，总是从他们认为能够提供客户让渡价值最高的那些公司或者组织去购买商品与服务。

何为客户的让渡价值？

客户获得的总价值与客户付出的总成本之间的差距，就是客户的让渡价值。

在购买产品时，大家总希望把购买成本降到最低限度，货币、时间、精神和体力等都属于购买成本的范畴，而同时又希望使自己的需要得到最大限度的满足，从中获得更多的实际利益。

因此，人们在选购产品时，往往从价值与成本这两个方面进行分析和比较，然后从中选择出价值最高、成本最低的产品，进行优先购买，优先选购的对象即“客户让渡价值”最大的产品。企业为战胜竞争对手，吸引更多的潜在客户，就必须把比竞争对手具有更多“客户让渡价值”的产品提供给客户。只有这样，才能使消费者关注自己的产品，进而购买本企业的产品。

每个人都是理性的，也都是自利的。科特勒曾经举过这样一个简单的例子，两家产品，质量相同，一家营销员的服务态度友好，能保证准时地免费送货上门，并且保质期较长，维修网点分布也比较合理；而另一家营销员的服务态度恶劣，且经常断货、缺货，甚至还需要客户支付邮费，保修时间也很短。两相比较，你会选择哪一家的产品呢？答案很显然，没有谁愿意花费更多的时间、精力等成本。当然，产品质量固然很重要，但科特勒认为，非质量因素对客户造成的感受也不能忽视。必须充分地认识并满足客户的让渡价值，切实做到“以顾客为上帝”，而不仅仅是一句口号。

第二章　营销环境：顺应时代发展，认清营销环境

科特勒认为，企业能否适应不断变化着的市场营销环境是企业营销活动成败的关键。现代企业与它所处的市场环境发生着千丝万缕的联系，营销环境同时提供给企业的除了机会还有威胁。所以，认清环境很有必要。

营销的宏观环境是重中之重

营销的宏观环境是指那些与社会有关的，能够影响大部分环境的力量。自然、人口、政治、经济、技术与文化这六个方面都属于营销的宏观环境。

对于宏观环境的问题，科特勒有一番自己的见解：宏观环境虽然不能直接决定企业的效益，但对企业的发展目标、发展方向都会有很大的帮助。企业发展必须在市场营销的宏观环境中进行。分析宏观营销环境的目的在于，更好地认识所处的环境，企业通过营销努力适应社会环境的变化，达成企业的营销目标。

企业必须密切注视宏观环境的发展变化，注意从战略角度与之保持适应性。因为宏观环境的发展变化，既会给企业制造有利条件与发展机会，也会给企业的生存发展带来不利因素甚至造成威胁。

乌龙茶的“故乡”安溪县目前有30万亩茶园。茶树的品种主要有铁观音、梅占、本山、黄金桂、毛蟹等。安溪乌龙茶产量占全国乌龙茶总产量的1/4，占福建省乌龙茶总产量1/3。安溪乌龙茶为什么会一枝独秀，保持长足发展呢？或许通过对其市场营销宏观环境进行分析，就会从中找到答案。

随着人口数量的增加，人口结构趋于老龄化，人的平均寿命延长，而处于不同年龄阶段的人有着不同的需求和嗜好。针对不同人群，安溪茶叶对目标市场进行了细分，并且根据企业自身的条件来决定目标茶叶市场开拓的重点对象。在我国，随着人口流动性加强，城市化进程加快，人们的生活节奏加快，独特的茶叶文化成为人们生活的“润滑剂”，安溪茶叶抓住这一大好时机，实施了强有力的营销推广。

安溪茶叶伴随着全球经济一体化与企业经营国际化的营销环境变化趋势，也开始走出国门，实行跨国经营，积极参与国际市场竞争，制定相应的营销策略。虽然，茶叶进口国制定严格的农残检验标准已成为趋势，但是经过有效的整治，再加上安溪得天独厚的自然环境，有利于乌龙茶的生长，安溪茶叶品质连年提高，近年来经抽验，安溪茶叶的合格率高达100％。在文化、保健和工艺方面，安溪茶叶也都形成了独特的优势。安溪茶叶把握好了宏观环境因素，使安溪乌龙茶的营销获得成功。

充分地考虑到宏观营销环境的各种因素，对它们加以利用，制定出相适应的有利策略，从而形成自己的核心竞争力，就这样，安溪茶叶在市场上取得了全面的成功。当然，企业不能直接控制宏观环境，宏观环境甚至会成为企业无法控制的因素。与此同时，宏观环境对企业产生的影响也是间接的，因此，又被称为“间接营销环境”。

宏观环境既然难以改变，那么企业在面对所处的宏观环境时应该怎样做呢？科特勒曾经说过，必须先进行分析，分析宏观环境中各因素的特点及变化状况，再调整自身内部的一些不相匹配之处，然后采取相应的调整措施，比如引进技术、重新细分市场、实施促销措施等，这些做法不仅是为了与营销宏观环境的变化相适应，还能不断地修正营销目标及策略，使市场营销策略的各方面更具灵活性。深入了解所处的宏观环境，是每一家企业想要获得持久生存能力必须迈出的第一步。

经济、政治环境对营销影响深远

在现实的营销活动中，每个企业及营销策略都会受到经济、政治环境的影响，所以两者都不可低估。

“经济环境”指的是构成企业生存、发展的社会经济状况和国家经济政策，会使消费者的购买能力和支出模式受到影响，主要包括消费者支出模式的变化、收入的变化等；“政治环境”指的是在特定社会中影响和限制个人与组织的政府机构、法律以及压力集团。

科特勒认为，对于企业的营销人员来说，不仅要关注那些能够影响客户购买力和消费方式的经济环境因素，还要密切跟踪国内外市场客户消费方式的变化。

20世纪90年代初，美国经济开始衰退，人们对未来的期望值有所降低，限制了随意消费的倾向；有人甚至认为，这是一个拮据的消费时代。一部分人的收入虽然有所增加，但因对自己未来经济能力的预期下降，使得许多人开始追求较为稳妥的消费方式——归还自己挥霍时欠下的债务。再加上房产价值在下降，税收在不断增高，有不少人不得不为退休而储蓄。由于这些变化，所以人们在消费时比过去更加追求实惠。

于是，企业营销人员为了适应人们消费观念上的变化，不得不重新寻找营销重点。对那些更加有经济头脑的客户，营销人员不再像以前那样，旨在为客户提供高品质、高价位或者低品质、低价位的产品或者服务，而是以合理的公平价格提供优质的、合适的产品或者服务。

自然领域内日益增加的能源成本、原材料短缺和政府对环境保护态度的变化及环境污染程度，营销人员都需要了解。尤其是人类进入工业化以后，自然环境无异于经历了一场大浩劫。在世界上的许多城市，水和空气的污染都已经达到相当严重的程度，并且由于人类活动对地球带来的“温室效应”在一天天加剧，许多专家甚至预言，人类迟早会被自己制造出的垃圾淹没掉。

面对严峻的现实，各国政府不得不认真考虑环境问题，这样环境作为一种制约因素，在经济活动中显现出更多的作用。被广泛用作工业能源的煤、石油以及各种矿产等不可再生资源，也成为一个重要方面，影响着世界经济与政治。比如美国的“石油经济”，在很大程度上左右着美国对中东的外交政策，美国甚至不顾及国际社会的反对，用战争的形式来控制那些对自己可能会构成潜在威胁的国家，美国人这样做的主要目的是以此将丰富的石油资源掌控在自己的手中。

目前，已有越来越多的普通民众加入到环境保护的行列中来，其实，一个很重要的方法就是，选用那些能够承担环保责任的企业产品或者服务。所以说，企业如果能够积极地履行应尽的社会义务，就能够有效增加产品或者服务的价值。

在科特勒看来，营销决策很大程度会受到政治环境的影响，因为企业都处于一定的政治环境中，并且这是一种开放和动态的环境。企业营销人员必须遵守相关的经济法律、法规，形成双赢的局面，才能与业界展开良性竞争。

对于经济活动，世界上无论哪个国家都是在一定的市场规则下进行的。那些自由市场经济体现得最为充分的国家，对经济活动也有适当的管制。适当的管制能促进良性竞争，能确保企业产品或者服务在公平的环境下参与竞争。任何国家有关政府都会按照实际需要，制定相应的经济法律、法规，从而规范企业和个人的经济行为。这就要求企业营销人员在制订产品和营销计划时，不仅要注意当地法律，还要熟知当地法律。

另外，企业的营销人员需要了解人们对待自我、社会、他人、组织的观点，制订适合社会核心价值的产品，丰富消费者对不同层次的各种文化产品的需求。最主要的是，营销人员应关注年轻人的衣着、发型和行为方式，敏感地捕捉文化产生的变化，从而发现新的机遇或者威胁，一般来说，年轻人是走在时代潮流前面的人。

最后，我们不妨拿科特勒的话作为总结——**任何经济活动从来都不是孤立存在的，要想在商业领域中取得成功，就绝对不能闭门造车，应时刻保持开放，以期有所作为。**

互联网时代为营销带来新的挑战

互联网的出现使人们的生活产生了飞速的变化，同时，也给商业市场带来了巨大的推动力。

科特勒认为，通过互联网络，购买者能够接触到新的供应商，进而降低采购的成本，加快订购货物的运送和处理速度；商业营销人员利用互联网也可以充分地与客户进行网上交流，从而形成信息对称，分享信息，最终达到销售产品与服务的目的，当然还可以通过互联网的形式及时提供售后服务，以及培养客户关系、发展客户关系。

对于商业市场上的参与者而言，互联网显然促进了信息共享与对称，在削减成本，简化采购程序以提高效率，以及减少订购与货物运输时间方面的优势无与伦比，然而在互联网带来许多好处的同时，也会带来一些问题与障碍，这也是科特勒在其著作中经常提及的。比如，电子采购对于许多订购处理者和文书人员来说是一种威胁，削减了市场对他们的需求。当然，互联网的安全问题才是商业市场参与者真正担心的。这也是当前互联网发展的最大障碍，但是随着信息安全技术的发展，互联网对商业市场的影响会日益广泛。

一拖国际经济贸易有限公司（简称“一拖国贸”）的采购人员周晓

丽主要负责业务部门的采购以及入库管理工作。一拖集团唯一的对外窗口就是一拖国贸，它全面负责该集团的国际业务。周晓丽每天要负责采购的货物成千上万，还需要管理这些货物的入库和出货，这些货物的进与出，每一批都需要用电子文档管理和登记，稍不注意就可能会出现数据遗失与漏报的问题，而且手续申报也比较繁杂。有一次，她在网上看到了一篇关于 SaaS 的文章，介绍的是 SaaS 厂商利用“金蝶友商网”实行在线管理。文章介绍说，这种在线管理服务不但能够随时随地管理采购、入库的各个环节，而且还可以远程协同，无论在世界上的任何地方都可以协同办公。这篇文章顿时让周晓丽眼前一亮，于是她决心亲自试一试。

周晓丽通过试用发现，这种在线管理服务，由于基于互联网应用，各方面的功能都非常人性化，操作起来也很顺手，而且还可以按照实际需求来定制相关服务，充分体现了简单、方便、高效、快捷、随时随地的特性。于是，她向部门经理推荐了金蝶友商网的这款在线管理服务，最终得到了一拖集团的认可。

一拖集团总部使用了三个用户，其中一个是管理员用户，另外两个是采购员用户。主要负责一拖集团分厂的采购以及入库业务，系统管理员给每一位用户都设定了操作权限，分工明细，操作简便，协同高效。这种网络沟通方式不仅方便，而且有效实现了信息共享，就连海外办事处的销售和库存情况，一拖集团总部都可以随时掌握。

通过使用基于互联网的在线管理服务软件，一拖公司极大地提高了业务效率，同时还有效节省了人力成本。互联网的出现，催化出了许许多多服务商业市场的 IT 企业，这些企业基于互联网开发出满足购买者和营销者各种需求的管理软件，进一步提升了商业市场由互联网带来的影响。因为互联网商业市场上的卖方、买方以及提供服务的第三方都能获得不少的利益，与此同时，它们的发展也使互联网的服务领域日益扩大，使这个服务平台更具专业化。

互联网给商业市场带来了许多好处，那些困难与挑战也就很难撼动人们对互联网的信心与依赖。科特勒认为，互联网不但可以分享数据，优化商业市场交易过程，以及使客户关系管理更高效等优点，给企业营销战略还会带来深远的影响。商业市场的买卖双方由于互联网更加透明，经济交往也更加频繁，关系同样会变得更加紧密，同样，市场竞争在这样一个透明而又高效的平台上也会更趋激烈。

在挑战中发现机遇

面对新营销环境，企业除了积极地参与竞争外，别无其他选择。这就要求企业在挑战中要善于发现机遇，做出一流的创意与努力。

科特勒不止一次地强调过，企业要想在各种挑战中立于不败之地，就必须追随市场的变化与客户需求。

在美国本土市场上，可口可乐公司曾经日趋不利，因为随着人们对健康问题越来越关注，对饮料的消费习惯也发生了变化。尤其是做家长的十分不赞成孩子大量地饮用这种碳酸饮料，认为这会降低孩子对牛奶的兴趣，从而对孩子的身体产生不良影响。

面对这种始料未及的变化，可口可乐公司曾经陷入低潮，经营收入有所减少，股票市值也有所下降。然而，该公司最终决定迅速扩展国际市场，以弥补公司在美国国内的低增长率。仅仅在 1994 年的上半年，在包括俄罗斯、印度、南非及越南在内的七个国家，可口可乐都分别开设了工厂。

市场营销是可口可乐公司扩展式战略中极其重要的环节。在公众媒体方面，该公司投入了大量的精美广告，用重金聘请了人气最旺、最受年轻人喜爱的明星作为代言人，同时既为产品设计赋予视觉效果又不失公司本色的崭新包装，赞助且举办各种公益活动或者体育赛事。“永远的可口可乐”成为可口可乐公司极富感召力的标语。可口可乐公司就是通过这样一系列在国外的努力，使自己的销售业绩迅速攀升，迎来又一个黄金发展时期。

对营销人员来说，如今的经济条件与环境，既为其制造问题，又为其创造机遇。企业在当今所要面临的机遇与挑战主要有科技进步、全球化和政府管制三种。

21世纪，营销面临着更大的挑战，这是因为全球经济已进入了一个发展相对较为缓慢的时期，市场竞争程度加剧，客户的价值观和倾向在逐渐变化，对企业来说，这些都是难办的问题。

在过去的几十年里，世界上许多地区变得越来越穷，萧条的世界经济对营销者和消费者来说都是非常不利的。纵观全球经济，有不少地方人们的需求超过了历史上以往的任何时期，而有些地方的人们却没有能力购买最基本的生活必需品。科特勒提示商家，在极其动荡与起伏的经济环境中，有一个方法必须学会接受，那就是千万不要忽视了新兴技术、市场与管理方法。

在市场经济一体化的背景下，任何市场营销活动，都在一个动态的环境中进行。企业每隔一段时间就必须重新考虑其市场营销的实践和目标。在今天，许多昨天曾经出奇制胜的战略可能变得已经过时，这就对营销人员提出了新要求，必须时时思考：自己的行动计划适不适应新环境与新情况。

由于信息技术的发展，在过去，地理与文化的差别在缩小，使企业能极大地拓宽制造、采购、销售市场的范围。在科特勒看来，企业即便曾经辉煌过，如果一直沉浸在过去的美梦中，也将很快被新生力量所超越。一家企业从无到有，从小到大，直至成为业界巨头，其历程在以前往往要经过几代人的努力，经过几十年的逐渐发展才有可能。而在新经济浪潮中，有不少企业在短短几年内就积聚起了大量的财富，以惊人的速度崛起，堪称神话；然而，也有许多企业在经过短暂的辉煌后，因经不起市场变化的风浪，很快就飘摇欲坠了。这让人不得不感慨：科技的确让许多企业“成也萧何，败也萧何”！

调查市场是为了获得有用信息

在这个信息瞬息万变的时代，有用的信息是营销胜利的基础。

科特勒认为，企业为了发现机遇，必须要展开营销市场的调查，而且，调查工作一旦结束之后，企业必须仔细评估它的机会，从而决定该向哪个市场进军。

科特勒在自己的营销学著作里，对市场调查做了精辟而又深刻的描述。他认为，市场调查的目的与实质就是为了分析信息，从而发现属于自己的市场空间，这一点是很重要的。

科特勒非常重视信息的作用，他曾说：“营销胜利的基础越来越取决于信息，而不是营销力量。”他认为在当今时代，市场营销的环境在剧烈地发生变化，这比任何时候都更加需要营销信息的即时性。如果企业想扩充自己产品或者服务的市场覆盖面，就必须要掌握更多和更及时的市场信息。

科特勒还列举了许多有关进行市场调查的方法，比如问卷调查、计算机查询以及计算机网络信息收集等，并规定了一套程式。现在，计算机化的营销决策系统有助于经理人解释有关信息，并把它们变成设计营销活动和组织营销活动的基础。

对企业而言，既可以成立自己专门的营销调查机构以进行独立的市场研究，还可以聘用其他机构进行市场研究。通常来讲，出色的营销调查有以下一些特征：具有创造性、可信度高、有益的怀疑、方法科学合理、成本及收益分析、模型和资料的相互依存性、采用多种调查方法。

科特勒认为，营销活动的程式主要包括四个方面。首先，确定问题与研究目标；其次，收集信息；再次，制订调查计划；最后，分析信息并向管理层提交结论。进行调查的时候，企业必须要决定是采用现有的资料，还是自己重新收集资料。除此之外，采用哪一种调查方法和调查工具，对市场调查也是很重要的。还有，企业还必须对调查物件的抽样方式和接触方式加以足够的重视。

任何企业的业务重点和市场都不一样，因此，在市场信息的收集和调查中，也必须要采取不同的方式，争取用最实用和最有效的手段，来达到快速和高效的目的。

科特勒反复强调，在进行市场调查时，营销员必须要对顾客的购买现状做出细致的调查。因此，研究顾客的消费行为，是进行市场调查的重要内容之一。消费行为研究，就是指研究个人、集团与组织到底是怎样选择、购买、使用以及处置商品和服务的，从而满足他们的需要与愿望。但是，消费行为研究绝非一项简单的工作，它需要调查者运用统计学、心理学、市场学以及社会学等多种学科的现代管理理论与方法。

市场中介是企业营销利益较量的重点

市场中介包括货物储运商、经销商、营销服务机构和金融中介。企业将其产品促销、销售并分销给最终购买者，由市场中介来完成。所以说，市场中介与供应商一样，也是企业整个价值传递系统的重要组成部分。

科特勒认为，如果没有作为企业生产与市场消费之间纽带的市场中介机构，那么生产和消费之间就会存在信息分离、时间分离和空间分离等矛盾，而且在各自的业务方面，这些中介机构比企业更专业，运行成本也更低，而这些矛盾只有在各类营销中介的协助下才能得到有效的解决。企业在与这些中介机构打交道的时候，也存在利益博弈的问题，因此企业更应该重视如何管理与其之间的合作关系。

温迪公司与可口可乐公司曾签订了长达10年的契约。在这个契约中，可口可乐成为温迪快餐连锁店唯一的软饮料提供商。当然，可口可乐向温迪承诺的不仅是其软饮料，而且还有强大的营销支持。

温迪得到的除了可口可乐的软饮料外，还有一支由50名可口可乐员工组成的跨职能团队，该团队成员致力于对温迪进行极其细微的了解。温迪还受益于与可口可乐合作营销所得到的资金支持。可口可乐还为温迪提供了很多的消费者调研资料。可口可乐尽其所能了解饮料的消费者，并且确保温迪也能用上这些宝贵的资料。

在为温迪提供消费者研究结果的同时，可口可乐还分析了全美国每一个邮政编码地区内的人口特征，并且利用所得到的信息，建立了一个软件程序叫作“解决者”。温迪特许经营者们通过回答关于目标客户群的问题，来确定哪些可口可乐品牌在他们所处的区域中更受人欢迎。可口可乐还研究了价目牌的设计，了解了什么样的字体、字号、颜色、布局和视觉效果才能诱使消费者购买更多的饮料和食物。合作关系的紧密程度，给可口可乐带来了美国68%的软饮料市场高占有率，而百事仅仅拥有软饮料市场占有率比例的22%。

可口可乐通过与温迪合作，为自己带来可观的市场份额。同时，可口可乐在饮料消费方面的专业性，也为温迪企业带来了宝贵的调研资料以及更多的客户。如今，企业营销人员应能认识到与中介机构合作的重要性，而不仅仅是简单地将其作为销售渠道等功能机构来使用，而是更加注重两者通力合作所带来的附加价值；反之，如果得不到有关营销中介的配合，企业市场营销活动就有可能会陷入困境。

作为微观环境因素之一的中介机构，对于企业来说，也存在互惠共利和利益较量的复杂关系。科特勒对于这种关系的处理就给出过经典的阐释：一家企业如果不适当地从供应商那里汲取利润，而是把产品过多地塞给分销商，那么就会使合作者输在供应环节上，企业本身也会失败。**精明的企业将通过与分销商、供应商合作，更好地为最终客户服务。**因为合作愉快的结果是共赢互利，这也是最好的合作方式。针对中介机构，企业应该将目光放得更长远，为长期稳定的微观环境努力创造条件，也只有这样，才能使其成为战略目标实现过程中的强动力。

供应商是价值传递的重要纽带

供应商是企业整个客户价值传递系统中的重要一环，是为企业提供生产产品以及提供服务所需的资源。如为企业生产所需提供特定的原材料、设备、能源、辅助材料、劳务以及资金等资源的供货单位，都可以算作供应商。

科特勒认为，供应商的实际状况对企业的市场营销活动能够产生实质性的影响。比如，供应商所提供的辅助材料的价格变动，将影响企业的生产价格、利润和产品成本，影响企业的市场竞争力；企业的生产经营能否正常进行，受供应商所提供的辅助材料数量和交货时间的影响。供应商的供应能力因素在短期内会影响销售，而长期会影响企业客户的满意程度。

在企业整个客户价值传递系统中，科特勒指出，供应商起着重要的枢纽作用，供应商被大多数的营销人员视为创造和传递客户价值的合作者。对此，企业一方面要注意维护与供应商之间的关系，不仅在资源短缺时需要这样，而且在资源充足时也应该这样；另一方面，企业对供应商的履约情况还要进行评价，并且对供应渠道据此进行必要的调整。科特勒在自己的著作中提及，企业价值链的起点，就是企业对供应商的关系管理，因为这决定着企业价值的创造过程。

成立于1994年的浙江百大药业有限公司，是在原国有企业“仙居化工厂”改制的基础上分离出来的民营企业，是国家生产激素类药物的重点高科技民营企业，属于外贸出口性企业，主要生产攈体激素原料药和中间体。自成立以来，该企业的销量连年攀升，销售额在2005年就达到了1.3亿美元，在由一家默默无闻的小型民营制药企业迅速发展壮大成为优秀高科技民营企业期间，该企业赢得了不少殊荣。

从天然植物“黄姜”提取出来的皂素是激素产品的原材料，待皂素提取出来以后，改良其分子结构，就可以合成目标产物。黄姜只有在湖北、湖南和四川才有大量的种植，与此同时，湖北、湖南和四川也是世界激素原料药的重要供应地，因此供应商的集中化程度较高。因为激素行业的起始原料都是黄姜，供应商的产品几乎没有替代品，所以供应商的产品便成为很关键的投入生产要素，这些因素大大增强了供应商对下游生产厂家的控制能力和议价能力。除此之外，供应商的产品都是从天然植物中提取原料药的，产品无太大差别，并且由于供应商的向前一体化的能力比较低，下游合成技术壁垒和风险都比较高，这些因素会降低供应商的议价能力。总而言之，对于浙江百大药业有限公司而言，供应商的讨价、还价能力较强，这就对企业构成了一定威胁。所以，企业在供应商这个微观因素的环节上应该加以足够的重视。

企业对供应商的分析应该是全方位的，通过对浙江百大药业有限公司供应商的分析案例就可以发现；针对供应商的全方位分析不仅包括供应商的行业结构，还有其产品特点、向前一体化的能力等的分析，通过这些因素对供应商进行综合的评价，从而判断供应商可能对企业带来的影响。

在科特勒看来，企业应当和供应商保持良好的关系，及时了解、掌握供应商的情况；对于供应商的货物价格变动趋势，企业也必须密切关注和分析，以便灵活地做出应对措施；企业为了保证自己的产品质量，赢得消费者和市场，还需要了解供应商的产品，分析其产品的质量标准。

对供应商进行有效的选择、评审以及定期或不定期的稽核，不断加强供应商对产品的品质管控，以保证其能够长期稳定地提供价格合理的优质产品和服务。正如科特勒所言，“治病要从根源抓起”，企业的整个生产管理也一样，必须从供应商这个源头抓起，只有这样，企业营销活动的实施才能开好头。

选择有利的最大利润市场

越来越多的公司认识到，他们不可能或者至少不能用同一种方式吸引市场上所有的消费者；并且，在满足不同市场部分的能力方面各企业也存在着巨大的差异。所以，每个企业都必须找到自己能够最好满足且获利最大的市场部分，只有这样，才能获得营销上的成功。

科特勒在研究中发现，每个公司都有自己的优势领域，能生产自己的优势产品，而一个缺乏核心竞争力的企业是很难在市场上长时间存活的。再加上规模和资源上的限制，企业必须选择有利的目标市场。企业选取目标市场要考虑的只有一个因素，就是能给自己带来最大的利润，因为追逐利润是企业的本质。

1889 年，H. D. LEE. Mercantile 公司在美国堪萨斯城成立，创始人亨利·大卫·李将企业定位于生产和销售牛仔裤上。经过 100 多年的发展，LEE 牌牛仔装已成为美国牛仔服饰的三大经典之一。事实上，在建立美国牛仔文化的过程中，LEE 公司走了一段很长的路。不管处于哪个发展阶段，LEE 公司都一直保持着一贯的实用与时尚。

第二次世界大战以后，LEE 公司凭借其狂野西部牛仔裤形象的成功塑造，将市场延伸到美国东部，并不断走向全美。LEE 公司塑造的西部形象不仅仅是一种时尚，而且对整个牛仔服饰市场起到了重要的带动作用。该公司一直将目标市场对准占人口较大比例的那一部分——“婴儿高峰期”消费者群体，从而成功扩大了该品牌的市场占有率。在 20 世纪六七十年代，LEE 公司将 15～24 岁的小青年作为目标市场。由于该年龄段的人正出生在那些“婴儿高峰期”，所以在整个人口中的比例也相当大。

然而到了 20 世纪 80 年代初，昔日“婴儿高峰期”的小青年已步入中青年阶段。新一代的小青年在人口数量方面已远远少于昔日的小青年。为了提高市场占有率，在20世纪80年代末，LEE公司改变了市场目标，转而对准了25～44岁这一年龄段的消费者群体，也就是仍将“婴儿高峰期”一代作为目标市场。为适应这一变化，LEE公司只是将原有的产品略做了改进，使其恰好适合中青年消费者的体形。结果在20世纪90年代初，LEE牌牛仔裤在中青年市场上的份额一下子提升了20%，销售量也实现了17%的增长率。

科特勒认为，那些具有潜力的市场，往往是能给企业带来可观利润的市场，LEE公司正是通过抓住“婴儿高峰期”这一极具潜力的市场，获得了巨大的成功。**选取目标市场需要先对市场进行细分，再对细分市场进行描述，然后认真分析各细分市场的吸引程度，并进行评价和选择，最后按照细分市场的特点，以及企业自身的条件对市场进行定位，从而制定出适合产品特点的详细营销组合战略。**这就是目标市场营销的三个主要组成部分。

科特勒特别指出，企业在选择细分市场时，那些能够带来高利润的市场往往对企业具有极大的吸引力，不过，即使选择一些目前看来利润不够丰厚的潜力市场，也并不违背企业追逐利润的本质。因为明智的企业看重的是长远的高回报，而那些潜在市场则意味着在将来会给企业带来巨额的回报，自然也会成为有些企业的“新宠”。在现实中，高利润的市场并不会在一个地方等你进入，而是需要你去创造、去发现。

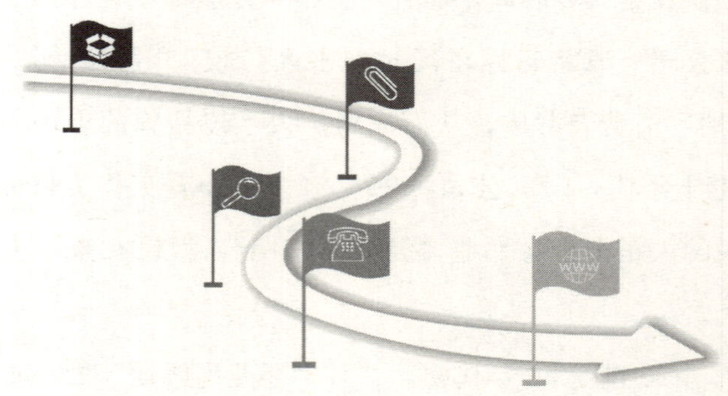

第三章　营销信息：重视市场信息，预测营销动向

对企业来说，营销信息至关重要，有了精准的信息，企业的经营者才能进行正确的决策，所有的市场营销活动都以营销信息为基础展开的。越是重视市场信息，越能准确把握营销动向，决策的水平也就越高。

建立信息系统是营销高效的基础

现代企业要开展市场营销活动，既离不开信息资源，也离不开人、财、物等方面的资源。随着企业市场活动范围的不断扩大，在面对不断出现的新环境时，许多新信息也需要收集、加工。消费者对产品与服务的需求逐渐多样化，决定了市场的多元化趋势，企业面临的市场信息也越来越复杂。对此，科特勒认为，企业要想求得更好的生存与发展，必须建立高效的营销信息系统。

能够为营销决策者及时、准确地收集整理、分析评估并分送转达所需信息的人员、设备和程序，就是企业营销信息系统。一个好的营销信息系统能够在企业想要得到的信息和真正需要又能得到的信息间找到均衡点。营销信息系统还可以为外部的合伙人，比如营销服务机构或者供应商提供信息；甚至有些重要的客户也可以使用有限的信息系统。营销

信息系统为企业的经营决策服务，通过系统的分析和研究来提高信息质量，从而提高企业的经营能力和竞争能力。

创建于1650年的湖南九芝堂股份有限公司，是国家重点中药企业，是中国老字号，并且已经在深圳证券交易所上市。像这样一家老牌企业，在信息化方面尤其是其完善的营销信息系统，一点都没有“老”的迹象。

湖南九芝堂的营销管理信息系统包括八大子系统：仓库管理、客户管理、账务管理、费用管理、业务管理、计划管理、系统管理、领导查询等，使以事务为基础，以客户为中心，确保账账相符、账实一致的营销管理指导思想得以实现。通过周密、细致的客户分析，可以使业务会计对业务进行指导和监督、审核，将注意力集中在20%能为企业带来80%效益的客户上。并且通过实时库存管理，可以对库存进行有效的控制，从而减少库存损失，这样也就减少了不合理的库存占用资金，提高和盘活资金的周转率；过于集中的营销管理职能通过数据的安全性控制可以适当地分离出去，这样可以减少内勤部的工作压力，提高内勤部的综合战斗力。

企业在进行发货单、发票、结算单等单据登账时，在使用营销信息系统后，速度会比原系统提高30多倍；在查询、数据分析时的速度也比原来的速度快很多，同时配合使用400多个实用报表，营销中心在每月结算时所用的时间比原来缩短了1倍还多。在使用营销信息系统后，企业的营销部门使以前的3 671个客户集中至865个客户，同时实施相应的管理，从而减少了由此带来的不良现象，比如出现呆账、烂账等。

作为纽带的营销信息系统，同时连接着企业和营销环境。通过上面的例子可以看出，**营销信息系统对企业的决策和经营活动的作用都至关重要，也为企业提高核心竞争力提供了有力保证。**科特勒曾经在自己的著作中说过，不同企业的信息需求是不同的，企业营销信息并不是越多越好。除了不同企业的需求不同外，在技术和成本方面也有限制。一方面，收集成本和处理分析的成本都很高；另一方面，有不少信息需要企业凭借高超的数据挖掘技术，如果应用的欠妥，就会很容易使企业掉入信息“陷阱”而误导营销决策，带来不可挽回的损失。

科特勒认为，不管是大型企业还是中型、小型企业，营销信息系统对于提升营销决策的质量都能起到作用。因为在大企业，需要处理的营销信息非常广泛，量又特别大，处理起来比较麻烦，并且重要的数据容易丢失，只有建立营销信息系统，才能高效地处理数据，及时地服务于营销决策；而在中、小型企业，建立相对简单的营销信息系统，同样可以提高营销决策的质量。总之，建立营销信息系统是企业处理营销信息的必然趋势。

精准细致地处理信息

信息是一种重要的战略资产和营销工具，在企业营销中要进行精细的处理。科特勒说，信息是为决策服务的，当企业利用信息做出更好的决策时，营销信息才具有价值。在现代企业中，营销经理或者其他营销决策人员，需要定期的最新情报、有关调查结果的报告、业绩报告，甚至一些针对现场决策和特殊场合的非日常信息，然后据此做出营销决策。事实上，信息技术在迅速发展的同时，也为营销信息的获取带来了革命性的进步。比如，现在的企业营销经理可以从任何一个实际场所、在任何时间里只要直接接触到信息系统，就可以从企业数据库或者外部信息服务企业那里获得重要的信息。

对信息的处理要求在当今这个信息爆炸的时代也更高了。企业在面对海量的信息时，其处理效率往往不尽人意，营销人员以至于经常抱怨没有足够的合适信息，或者得到的信息太多并且都是无用的。然而更糟糕的是，企业会做出一些偏颇的决策，只是因为企业对于营销信息的处理总是不够精细。正如科特勒反复强调过的那句话，营销决策的正确与否，决定于营销信息处理的精细与否。

“不要给‘可乐之母’找麻烦”是可口可乐公司一贯坚持的原则。然而，该公司在成功经营之后，却于1999年弃之不顾，放弃了原始的可乐配方，取而代之的是口感更润滑、味道更甜的新可乐。可口可乐公司的营销经理经过调查后发现，喜欢新可乐味道的消费者占60%，因此就认为采用新配方一定会赢得市场。同时，可口可乐公司放弃了旧可乐，其实这样做会伤及一大批不愿意做出改变的喜欢旧可乐的忠实顾客的心。

由于铺天盖地的广告与宣传，新可乐的销路起初还不错，但是销售随后很快就开始下降，而公众的反应也令人吃惊。可口可乐公司每天都会收到来自愤怒的消费者的无数电话和信件。为了要求可口可乐公司重新使用旧配方，甚至有一个叫作“旧可乐使用者”的组织，发起了各种抗议活动。可口可乐公司这才意识到疏忽了信息方面的处理，从而导致此次的决策失败。

可口可乐公司迫于压力开始重新提供旧可乐，并且称其为“经典可乐”，一起与“新可乐”在货架上销售。但是在销售额上，新可乐始终未能超过经典可乐。令人欣喜的是，可口可乐公司由于迅速做出了修正反应，所以有效避免了更大的灾难发生。该公司将新可乐作为辅助性产品，以增强对经典可乐的宣传，从而化解了这场危机。

试想，可口可乐公司对调查数据的分析如果周到一些、精细一些，就不会做出“更换配方”这一决策，即使企业战略打算推出“新可乐”，完全可以从一开始就实行“两种可乐并行”的销售策略，也不会引发消费群的强烈不满与抵制。

如今这个社会是信息至上的社会，面对众多营销信息，企业将自己所需的信息搜寻和分析出来就显得十分关键。还好，有高速发展的信息技术支撑。科特勒认为，未完全智能化的科技对于信息的解读与处理难以解决，这需要企业决策者具有经验与信息的准确判断能力，如果不能合理、精细地处理信息，那么，有关营销信息的所有工作都是白费功夫，最后的结果一定会功亏一篑。

对纷繁复杂的信息进行有效收集

信息不但是有价值的，还是有成本的。在收集信息时，企业可能会花上一大笔钱，结果却可能是一部分信息根本用不上，这就需要我们在收集复杂信息时，要掌握一定的方法，进行有效收集。

信息收集方法有三种，这三种的价值及其所需成本各有不同。以所需成本由高至低加以排列，分别是原始资料法、次级资料法、观察法。

1. 原始资料法

科特勒认为，所需要的资料如果不存在或者已经过时、不完整、不准确、不足以信赖时，营销人员必须花费较高的成本收集原始资料。营销人员必须在小组研讨会、一对一访谈、电话或者邮件调查和实验性设计间做出选择。

小组研讨会是指邀请6～10人聚集到一处，在一名主持人的带领下，用数小时来讨论组织、产品、服务或者其他营销议题。对参加小组研讨会的来宾组织者通常会支付报酬，以感谢来宾们的参与。小组研讨会的主持人必须保持客观的立场，熟悉各小组的动态，对于议题有充分的认识。为了通过小组的互动揭露出参与者内心深处的感觉与想法，主持人应该鼓励自由而轻松的交谈。同时，为了避免讨论偏离主题，主持人必须把握好讨论的焦点。待研讨会结束后，对这些由笔记、录音机或者摄像设备记录下来的讨论内容进行研究，以便了解消费者的态度与行为。

曾经有这样一组中等收入的消费者，在数分钟前，这些人试乘过新款的小型车，当时他们正在讨论是否会购买它。这组消费者对该车型的评论是这样的：车子小，万一发生车祸的话，恐怕会不安全；只适合短程购物之用，女性会比男性更喜欢它；定价高。后来，企业在设计汽车时便慎重地把这些评论都列入考虑范围。

科特勒强调，小组研讨会是一种可探寻出新想法、了解消费者意见和感觉的极佳方法。但是，把发现的建议推而广之应用到整个目标市场，是营销人员必须避免的，这是由于样本规模过于小，并且样本的获取方式不是“随机抽样”。

在某些情况下，企业必须安排相对广泛的个人访谈即一对一访谈。这种方法通常被营销研究人员运用来收集有关预定计划或者问题的信息。一般来说，访谈人员会提出一组封闭式与开放式相结合的问题。安排与执行单一访谈的成本较高，并且有时候需要向受访者支付费用，比如访谈专业人员像律师、医生、咨询师等。

观察法与小组研讨会最适合用于探索性的研究，而电话或者邮件调查法则最适用于描述性的研究。科特勒认为，通过采取调查法，企业可以了解人们的知识、偏好、信念、满意度，并且还可以衡量出目标人口的多寡。调查执行如果得当并且回应率高，根据样本调查结果，可以在提前设定的误差度范围内，对人口参数做出好的反映。在进行人口抽样调查时，不幸的是很少能够满足这些条件。包括访谈人员缺乏训练或者立场不够中立、问题设计欠佳、受访者没有正确地或者诚实地回答问题，这些都是产生偏差的原因。

在科特勒看来，最具科学性的研究方法是实验性研究，实验法需要选择数组配对的组别，在进行处理时采用不同的方式，控制好外部变量，核查所得到的差异是不是具有统计上的显著优势。从某种程度上来讲，外部因素已经被清除或者控制，所以处理方式的差异与所观察到的效果有关。通过清除影响不同观察结果的其他解释求得因果关系，就是实验性研究的目的。

举个例子，杜邦公司不同广告开支的效果，打算以销售量的百分比来测试。假定杜邦广告的开支一般是销售额的5%，那么有一种替代性做法，即：选择几个城市，分别以销售额的2.5％、5％与7.5％作为广告开支。如果在广告开支降为销售额的2.5％的城市销售量明显滑落，或者广告开支达销售额的7.5％的城市销售量未能上升，那么，最适当的广告开支似乎便是销售额的5％。

2. 观察法

科特勒说过，企业通过观察法可以了解很多信息。20世纪70年代，在超级市场的大型停车场附近，丰田汽车公司的营销研究人员观察人们把所购买的物品怎样放入汽车后备厢内。后来根据所观察到的，丰田汽车公司重新设计了汽车后备厢，使其空间更大了，另外，还安装了易于将行李滑入的装置。而在另一案例中，日本某大型制药公司的首席执行官曾经乔装成医院的患者前去挂号，主要是为了对医生与护士如何为患者治疗进行仔细的观察。

一些软件企业通过观察先期使用者使用和修改软件的情况就可以大有收获，因为这种方式给企业下次推出软件提供了改善线索。企业营销研究人员可以通过观察客户的行动及与客户闲聊以及造访竞争者的经销店等方式，得到许多信息。观察法虽然无法提供系统性的或者优质的信息，但是在探索性的研究方面，确实可以提供某些建议，作用是不容忽视的。

3. 次级资料法

通常，营销人员一开始就先查看原本收集过来用于别种用途的现有资料的次级资料，看看存在的问题能否部分或者全盘获得解决，能否不用再收集代价高昂的原始资料。企业可以从取之不尽的百科全书与期刊、政府出版物中获得资料，甚至可以向信息资源公司、研究中心、市场调查公司等企业购买商业性的数据资料。

认清总体环境的五大要素

科特勒认为，企业的营销决策者在市场中进出资金可以很容易，但决定进入哪些行业，或者在哪些行业建立滩头堡；决定从哪些行业撤资，或者完全脱离哪些行业，则必须采取较长期的观点，必须注意总体环境五大要素的各自发展现状，下面就来具体介绍一下。

1. 人口统计趋势

人口统计趋势的可预测性是其一项最有用的特色。只要有年龄层分布的人口资料与相当稳定的出生率、死亡率和结婚率，就可以对数年以后的人口组成状况进行准确的预计。某一特定年龄群体的人口数量如果快速增加比如老年人，企业就可以转而为老年人提供大量的消费产品和服务，如休闲活动与医疗保健。

移民率是人口统计趋势很有用的人口统计数据。在科特勒看来，许多产品的消费由于与人口的多寡、受教育程度、民族、种族、年龄、宗教的特征有极为密切的相关性，所以此类信息的重要性不言而喻。

2. 经济趋势

单凭人口并不足以形成市场。这些人口必须有能力、有意愿随时采取购买行动。企业与买主之间、消费者之间的购买力也大为不同。

企业常常把消费者划分为三种类别：低收入者、中等收入者、高收入者。有一些企业比如可口可乐公司，由于该公司的产品具有广泛的吸引力，且售价不高，将这三种类型的人口均列为目标对象。但是，多数消费品企业的产品都只针对某一种收入的人口而设计，或者为收入不同的人设计不同的产品。比如，法拉利跑车专为极富有的人打造，现代汽车专为收入较低的人打造，通用汽车则推出了多种汽车品牌，以符合不同经济能力、目的、个性的人群需要。

在自己的著作中，科特勒这样表示，持续地监控经济发展的现况，密切地关注各种经济预测，是企业应该做的。当经济萎靡时，企业与消费者都会缩减开支，甚至会形成恶性循环，使得经济状况越来越糟。反之，企业与消费者对经济形势如果都很乐观，那么他们再出手时几乎没有多大顾虑，所以就会形成一种良性循环。

3. 生活方式趋势

同等收入的人所追求的生活方式也有可能大不相同。某位富人的生活方式可能较为保守：工作勤奋，有高额存款，花钱谨慎。而另一位富人的生活方式可能走在了时代尖端：开着法拉利跑车，戴着劳力士手表，穿着华伦天奴西装，四处游逛。

可用人们的活动、兴趣和意愿来表示人们的生活方式，人们的某些生活方式还有特定的名称，比如保守派、丁克、嬉皮、雅皮等。地理人口统计分析是生活方式的正式分类来源。克莱瑞塔斯公司发展出的PRIZM（潜力等级指数，以邮政区划为基础），把美国50多万个居住处划分为62个具有不同生活方式的“PRIZM人群”。众多人群考虑了5大项共39种因素，比如教育与富裕程度、家庭生命周期、都市化程度、血统与种族、活动力等。这些人群都有极为传神的头衔，比如“乡村归客”“名门望族”“常胜将军”等。

4. 科技趋势

所有企业都面临着科技“爆炸”的局面，纵然他们在技术上还没有完全落伍。比如，加数器取代了算盘，计算器又取代了加数器，计算机最后取代了计算器；33转的唱片取代了78转的唱片，而录音带与更新的激光唱片又将33转的唱片取而代之；原来的疝气开刀手术，现在人们已经可以改为腹腔镜手术。

目前的市场领导者在现有的科技方面大量地投资，这充分说明了这类改变所产生的严重冲击。新企业把创新视为获得市场立足点的希望所在，通常会给现有科技带来挑战。总之，市场领导者不仅应不断地创新，还应执行“自我吞噬”的战略。将“自我吞噬”战略执行的最好的是日本企业，比如卡西欧、佳能、索尼。卡西欧曾经推出一种带有小型计算器的数字表，之后又推出了一种能记录50组电话号码功能的新款手表，后来又将手表能记录50组电话号码的功能升级为能记录100组电话号码的功能，而更新款的手表则可显示世界各地的时间。这种举措使竞争对手意识到自己根本跟不上卡西欧的快速“步伐”。

对于科技演化的可能路径，企业必须加以推测。对此，科特勒一再强调，企业在找到可能路径后，必须对可望制胜的科技“下赌注”。在这方面，市场研究往往没有太大的帮助，这就表明：企业无论是否采取创新的步骤都有遭遇风险的可能。少数企业已经学会了如何才能获得成功的方法，而持续创新的公司比如索尼、吉列等，已经赢得了市场的领导地位。应该说，这些企业已经将创新的过程例行化，利用“不可行—可行”的制度，给予有潜力制胜的产品以支持，从而缩短可能会遭到失败厄运的产品寿命。

有的企业也可以通过扮演“快速追随者”的角色，茁壮地成长。这些企业总是密切地关注竞争对手的新产品和新服务，并且以较低的风险和费用很快进行模仿性的生产。其实，模仿企业的主要风险是其身份总是屈居“第二”，永远不能占据市场占有率的领先位置。市场的领先企业一般而言都能赢得胜利，并且确保其领先地位。当然，这一规则也有很多例外。比如，史蒂芬·施纳尔斯分析过先驱者被模仿者打败的28种产业，其关键在于“缓慢追随者”几乎没有取胜的机会，只有“快速追随者”才有获胜的希望。

5. 政治、规范趋势

科特勒认为，企业必须时刻追踪政治、规范、立法的发展状况，因为这些对企业的业务会有所裨益或者损害。制药企业可能会因某一位有影响的参议员提出的一项规范性立法，或者食品药物管理局新局长比上一任局长的作为采取得更强势而受到影响。对于企业的财富，政治环境的发展也可能在一夜之间就会对企业造成影响。多数企业都会密切地关注政治、规范与执行面的发展。许多企业在政治方面也试图发挥自己的影响力，他们通常会向政府等部门捐款，资助接受报酬的政策游说者，还发表文章，从而强调自己的立场。

总之，投资人、企业必须认清当前的各种形势，认清总体环境五大要素的实际状况，也只有这样，才能做出正确的决策。

全面地了解消费者的需求

企业能为营销人员提供更多、更好的信息，但这些信息往往得不到充分的利用，因为营销人员有时根本不了解消费者的需求。

1910年，当邓肯·布莱克和阿朗佐·德柯尔开设第一家机械店时，便携式电动工具还没有发明。典型的工业电钻重50磅，需要两个人协同操作才可以使用它，还必须得有第三个人控制电源。因为人们对更小、更易控制的工具有需求，所以布莱克和德柯尔就专门设计出了一种新型工具即便携式电钻，安装有小发动机、像手枪一样的把手和像手枪扳机一样的开关。现在，这种便携式电钻就被珍藏在美国国家历史博物馆里，布莱克和德柯尔也因此成为便携电动工具行业里的领先人物。

设法了解消费者的需求，应该是布莱克—德柯尔公司的成功秘诀。1991年，不断增长却被人们忽略的动力工具的一个市场："能干的自己动手者"，被营销调研者发现，他们自己动手做复杂而艰巨的房屋装修工作。这些聪明能干的修理者数量有220多万人，在他们看来，初级水平的简单工具对于"偶尔的自己动手者"来说显然不够用，但是又用不着高质量的、昂贵的专业工具。于是，布莱克—德柯尔公司便开始研发可以填补初级水平和专业水平工具之间空白的中间性产品——Q型电钻。

研制Q型电钻，首先要仔细调查大量的消费者，以便准确地了解对于电动工具这些"能干的自己动手者"具体有什么要求。对此，布莱克—德柯尔公司专门选了50个"能干的自己动手者"典范——25～54岁的男性家长。他们拥有的电动工具在6件以上，并且至少每年进行一次较大的房屋改进活动。这50个人被严密观察了4个多月。《财富》杂志曾这样报道：他们被询问他们使用的工具的所有问题，以及他们会选择某一品牌的原因。并且，布莱克—德柯尔公司的员工跟着他们待在家中，或者与他们一起去工作场地。该公司的员工还观察这50个人怎样使用他们手里的工具，询问他们为什么不喜欢或者喜欢某一款特定产品，以及他们在使用工具时的感觉是怎样的，还询问他们在工作结束后如何收拾工作场地。除此之外，布莱克—德柯尔公司的员工还与他们一起去购物，观察他们都会买哪些物品和花费多少钱。有时，该公司的员工还会带上一位工业心理学家共同去家访，这样做的目的是进一步了解客户。在做完这么多项的市场调查后，对数百名寄回保修卡的客户，布莱克—德柯尔公司会一一面询，询问他们对工具的购买习惯和偏好。

在充分了解了“能干的自己动手者”的偏好和需要后，布莱克—德柯尔公司就开始研制满足消费者实际需求的系列工具。该公司还组建了一个拥有来自世界各地共85名企业雇员的“混合组”，包括工程师、设计者、营销者、金融人员以及其他人员。在仔细地研读了调查结果后，“混合组”逐个处理消费者所关心的事宜。能完成较长时间工作的耐用的无绳工具是“能干的自己动手者”想要的，这个小组就针对性地研制了强有力的电钻，其中的电池充电时间只要1小时而不是24小时。在工作完成后不需要做太多清洁工作的工具也是消费者想要的，所以新的砂轮打磨机和Q型圆锯都备有附加袋，能够有效吸收锯末，清理工作就这样被免除了。尽管“能干的自己动手者”对自己的能力非常自信，但是有时候也需要在工程和工具方面向专家咨询。布莱克—德柯尔公司为了满足他们的这一需求专门建立了“动力源”：为“能干的自己动手者”准备信息网络。这项革新项目提供了一个免费电话热线，从周一到周日，从每天的早晨七时到晚上十时，关于修理房屋的问题，有经验的咨询者都可以随时回答。“动力源”向消费者提供的，还有各种关于做房屋改进和家具工作的详细计划；还提供一份包含工作室忠告和工程指导的简报和一份《工间谈话》。

依靠进一步的消费者调查，布莱克—德柯尔公司来指导其他重要决定。消费者认为深绿色代表可信赖和高质量，所以Q型电钻的颜色被设计为这个颜色，甚至连Q型品牌这个朗朗上口的名称也是该公司在调查的基础上制定的，让人感觉很有品位，质量也不错。

1993年，新的Q型系列产品作为“重大工程的重要工具”而推出，没多久就取得了成功。不光销量特别大，还获得过各种零售奖项，包括《自己动手用品零售指南》杂志倍加推崇的“零售商首选”奖。由于布莱克—德柯尔公司推出了这种新产品，再加上他们对消费者的服务也很周到，所以该公司获得了来自“建筑者广场”“家庭销售中心”“沃马特”和其他一些零售商的“年度卖方奖”。

即便已经获得了不小的成功，但布莱克—德柯尔公司仍然继续倾听来自消费者的建议。在Q型产品推出几个月后，该公司又举行了3天的电话“马拉松”，用来收集2500名消费者使用Q型工具后给出的良好建议。对此，《财富》杂志这样报道：近200名员工，包括营销经理、装配线工人以及全部的有关人员，从世界各地飞到该公司在马里兰州托森市的总部。总部内自助餐厅中不仅配有计算机和电话，还有用Q型项目经理加利福德·豪的话来说的许多“比萨饼”。他说：“每个和Q型有关的人，我们希望都来听一听消费者的意见。”不得不说，所有这些营销调查都取得了不错的回报。曾经有一位工业分析家说：“布莱克—德柯尔很擅长从竞争对手那里将市场份额夺走，这是由于他们太了解消费者的需求了。”

为了使消费者能够得到最大程度的满意和高品质的服务，企业每做一个决定都需要种类不同的信息。这是科特勒在著作中提到的一句经典之语。比如，案例中的布莱克—德柯尔公司的事迹中就强调，好的营销计划和产品需要全面了解消费者需求为重要前提。企业还需要有关经销商、竞争对手和其他各种市场因素大量且充分的信息。现在的企业营销人员不仅将信息作为制定更好决策的前提，同时还将它当成重要的营销手段和战略资产。

到了21世纪，时代在变，市场也在变，企业营销人员需要更准确、更充分的信息。特别是消费者随着收入的增加，越来越挑剔所需的产品。正如科特勒所言，购买者对不同产品和不同宣传的反应等，企业营销人员需要及时、更好地去了解。

统计营销数据是做好营销决策的前提

企业收集到充足的营销信息后，便要对这些信息进行整理，然后再进行分析和使用。为了挖掘各组数据间的可信程度以及相互关系，企业通常都需要用到数理统计分析的方法。

目前，有许多信息分析的统计软件，随着IT技术与统计学科的发展，甚至拥有可以帮助营销人员做出最佳决策的功能，比如，能够帮助营销人员选定最优销售区域、对新产品销量做出科学的预测以及设计销售计划等。科特勒认为，营销信息分析是为应用而服务的，客户关系管理（CRM）就是其中一个非常重要的应用领域，被用于解释、应用数据库里大量的个体客户数据，从而维护与管理客户关系。

联邦快递作为一家久负盛名的品牌，为遍及全球的客户和企业提供涵盖商业运作、电子商务和运输等一系列的全面服务。通过相互竞争和协调管理的运营模式，联邦快递提供一套综合的商务应用解决方案，使年收入高达320亿美元。另外，客户与社会的需求是联邦快递非常注重的，联邦快递曾多次被评为全球最可信赖和最受尊敬的雇主。

一场价值几百万美元的CRM行动，就是联邦快递曾经发动的，这一行动试图努力地削减成本，加大客户数据，向现有客户或者潜在顾客交叉出售高质量的产品和服务。Clarify有限公司的CRM软件这种新系统，为联邦快递3300多人的销售团队中的每个人都提供了一份对每位客户进行的综合认识，详尽地叙述了每位客户的实际需求，并且还提出了相应的意见和建议。比如，做了很多国际船运工作的一位客户打电话来要求安排货物运送，通过计算机屏幕，销售代表可借助高科技查看客户的历史，评估客户的需求并决定当地最合适的报价。从后勤到运输再到充当客户经纪人，联邦快递提供了220种不同的服务，但营销人员还是很难确定适合客户的最佳方式。而CRM软件会帮助联邦快递进行促销并且保证潜在领先服务的质量，不管是分析各细分市场，指出市场的“芳香地点”，还是计算企业及其营销人员在哪些细分市场中赢多少利，CRM软件都可以做得到。

新的CRM系统就是联邦快递对营销信息进行分析和使用的工具，从中可以看出，营销信息的最终目的是为了给客户提供更好的服务，终端是面向客户的。最有价值的资产对于企业来说当然是客户，但是建立与维护管理客户关系的流程却是漫长的，还需要相关IT技术的支持，只有这样，才能高效地实行客户关系维护管理。

科特勒说，客户关系管理实施的好坏程度，取决于企业对客户数据信息的分析过程，数据准确、分析科学都是客户关系管理的重要条件。营销信息紧密相扣的两个环节是对这些信息的分析和使用，分析的结果会直接主导使用的结果。在营销信息的分析与使用方面，一个优秀的企业总有一套科学的方法。现代营销管理的趋势之一，就是将科技发展成果充分地运用到营销信息处理的相关工作中。

把握市场机会，确定长期发展战略

科特勒曾经说过：“我的书讲的是怎样建立一个持久而成功的企业，而并不是为那些总想这从一个行业跳至另一个行业的人而著的，是写给那些真正的企业家的。那些发现并获得一个市场机会后不久就因市场饱和或者出现很多竞争者，而很快将目标转向另一个行业的企业，并非在做商业运作，它们很难营造出一个品牌。它们能在短期内赢利，但并不是一个持久性的公司，因为好的企业永远都不会是机会所筑就的。”

科特勒在研究中发现，那些真正的企业大都会选择先发展一个核心竞争力，再进入相关行业。所以，**应从自己擅长的领域进入相关的领域，扩大自己的产品组合，而不是盲目多元化，这才是永恒不变的真理。**

现如今，企业营销的整个过程可以概括为：着手研究、市场细分、市场定位、制定目标以及顾客价值、顾客成本、顾客的方便程度、顾客沟通和实施，最后一步是市场控制。市场控制需要看市场的反馈情况，需要看市场份额的占有量，需要观察顾客的满意度，据此再做出相应的改变与调整。假如企业随意调动大量的资金与人力去追逐频繁变化的战略，就会造成企业人力与资金的浪费。究其根本，在于企业从来就没有制定战略。

上述案例中的企业就是缺乏战略的企业，它们虽然能够发现市场机会，但不会真正利用市场机会去占领市场。反倒时刻想着寻求新的市场机会，转战新的市场。科特勒从营销角度做过分析，这样的企业虽然能够分析市场、进入目标市场，但却缺乏在市场立足的战略能力，缺乏更进一步的营销推广、品牌塑造以及建立持久顾客关系的能力。

如果说企业在战略上只是机会导向，那么营销自然如此，也就谈不上战略了。所以，企业要做好分析市场、定位市场、进入市场以及占领市场的营销工作，必须学会把握好每一个市场机会，确定企业长期的发展战略，致力于核心竞争力的打造，而不要经常改变。

在信息中寻找新产品创意

在众多的营销信息中，还能寻找到新产品的创意。而寻找产品创意是新产品开发过程的第一个阶段。企业新产品创意的来源有很多，比如顾客、科学家、竞争对手、员工、经销商与最高管理层。科特勒表示，不管创意来源于哪一方面，最终要落实到产品上，都要以满足顾客需求为终极目标。

以前，用来盛味精的瓶子中都带有一支舀味精用的小匙。有一次，一家日本味精公司的总裁对员工们说，假如谁对公司的制品以及业务有改进的新创意请提出来，一旦被采纳，公司将对创意者进行重赏。

这个号召立即得到了大部分员工的响应。有一位名叫近藤一夫的年轻人，他觉得自己没有提出任何创意而感到愧疚，于是就开动脑筋。几天以后，他突发奇想，在一张纸条上写了一个精妙的创意——在使用味精的时候，先打开盖子，再拿出小匙，然后伸手去舀味精，在放好味精后，收起小匙，最后再盖上盖子，显然这个程序过于烦琐。倘若在瓶子的盖子上开一些小孔，那么使用的时候就无须大动手脚，直接将瓶子倒过来简单地摇一摇就可以了。这样写好之后，他就悄悄地将这张纸条放在了公司总裁的桌子上，当然上面写了他自己的名字。

这个年轻人对自己的这个创意没有信心，原本就羞怯的他，在遇见总裁的时候就更不敢面对总裁了。他觉得自己这项羞于见人的创意，总裁看了一定会不高兴，可没想到的是，总裁却十分满意，立即将近藤一夫的创意报告给了董事长。

没过多久，近藤一夫的提案果然被公司采用了。后来，这家公司生产的味精瓶子就全部使用有小孔的盖子，销量也一下子增加了一半。一项怕惹人嘲笑的创意竟然收到了奇效。

这家公司就是闻名于世的铃木味精公司，而近藤一夫也一跃成为人们刮目相看的人物。后来，近藤一夫因为这个卓越的提案被提升为课长，还得到了500万日元奖金。

科特勒曾不止一次的强调，让产品充满智能化不一定就需要特别高深的科学技术，有时一个不起眼的创意，就有可能改变产品的命运。在产品开发过程中，创意是非常重要的一部分。应该说，产生创意是开发新产品的首要步骤，只有拥有了好创意，才可能开发出好产品。在开发新产品的过程中，企业需要对产品创意进行以下方面的管理。

1. 寻求创意

新产品的开发过程起始于寻求创意，创意说到底就是开发新产品的设想。尽管并不是每一个设想或者创意都可以变成产品，但是寻求尽量多的创意却可以为新产品开发提供不少的机会。**新产品创意的主要来源有很多方面，通常来讲，企业主要凭借激发内部员工的热情实现寻求产品新创意。**

2. 甄别创意

在取得足够多的创意以后，需要评估这些创意，研究这些创意的可行性，挑选出可行性较强的创意，这就是创意甄别。科特勒表示，在甄别创意的时候，通常要考虑两个因素：一个是这个创意是否和企业的战略目标相适应，包括企业的利润目标、销售目标以及形象目标等；另一个是企业有没有足够的能力开发这一创意，比如，有没有资金能力、技术能力、人力资源以及销售能力等。在新产品创意的发展过程中，企业需要不断地评价其总成功率。通常采用下面这个公式：

总成功率＝技术完成率×在技术完成率确定后的商业化率×在商业化率确定后的经济成功率

通常，新产品的开发过程分以下八大步骤：创意产生、创意筛选、概念发展和测试、营销发展战略、商业分析、产品开发、市场试销、商品化。在这些步骤当中，它们共同的目的是确定这个创意是否应当进一步发展或者被放弃。**企业总是要求尽可能少出现不好的创意被发展而好的创意被终止的情况。**

科特勒表示，在研发新产品的过程中，最为关键的是创意，这也是最首要的，企业应该通过各种渠道对好的创意进行收集，还可以通过适当的组织来收集好创意。为了能够激发内部员工提出自己的构思，企业应该专门设立一名创意管理者，让他负责收集创意，初步评估创意价值，并对那些具有潜力的创意进行全面的筛选。除此之外，企业应该奖励那些提出好创意的员工。

筛选创意的目的，就是尽可能发现不好的创意与放弃错误的创意。大部分的企业通常要求主管人员将新产品创意填入专门设计的表格里，以便新产品委员会完成对它的审核。该表格可能包括的专案有新产品的名称、制造成本、开发时间、开发成本、产品价格、目标市场、市场规模、竞争状况以及报酬率等。新产品执行委员会则依据这些内容对新产品的创意进行检查与评估。

科特勒曾经在自己的著作中列举了10种对新产品开发创意有效收集的方法，具体如下。

1. 多举办一些聚会。比如柯达公司，常会举办一些非正式的会议，邀请客户和公司的工程师们共同讨论，请大家针对所存在的问题发表各自的看法，从中发现真正可以解决问题的办法。

2. 允许公司的技术人员抽出一定的时间从事自己感兴趣的项目。比如在3M公司内部，技术人员被允许有15%的工作时间做自己感兴趣的事情。丽罗姆—哈斯公司则允许员工有10%的工作时间做自己喜欢做的事情。

3. 让顾客的意见成为企业活动中平时经常讨论的问题。

4. 调查自己的顾客。需要特别注意的是，在你的产品与竞争者的产品中，他们更偏爱哪一种，不喜欢哪一种，并且要将其中的原因弄清楚。

5. 对顾客进行扎营式的调查，以取得第一手的信息。

6. 采用重复的方式。先让一群客户在同一个房间里座谈，说出他们感觉产品所存在的问题，再让一些技术人员在另外一个房间里听取这些客户提出的问题，并想出解决问题的方法，然后立即将所提出问题的解决方法告知客户，让他们对此进行评价。

7. 建立关键字搜索，平时多搜索相关信息以获取新产品发布的相关信息。

8. 把贸易展览视为主要信息来源，你可以集中从某一个展览上获取自己所属行业新产品的相关信息。

9. 让技术人员与营销人员参观供应商的实验室，用一定的时间与其一起讨论新技术和新信息。

10. 建立完善的创意构思库，并向众人开放，允许企业内部员工进行思考并提出各自的意见或者建议。

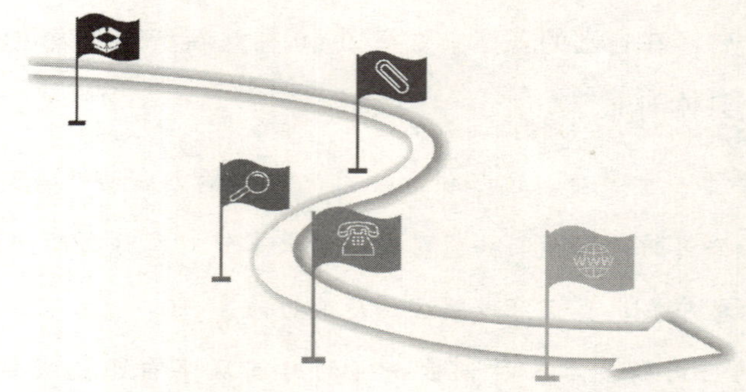

第四章　营销战略：用战略决定成败，用营销决定优劣

制定正确的市场营销战略，是企业研究和制定正确市场营销决策的出发点。企业的营销战略取决于各个公司的规模和所在行业中的地位，是企业市场营销管理思想的综合体现。

营销战略和企业战略要步调一致

现代企业要时刻做好调整企业战略的准备，并相应地修正其营销战略。也就是说，营销战略和企业战略要保持一致的步调。

科特勒认为，在新经济时代的当今社会，随着网络、新材料、生物科技、智慧型晶片及先进的沟通方式等高新技术带来的影响，以及市场、经济发展带来的改变，使得市场的需求愈加复杂化，在互联网上，客户可以轻松地获得同类产品的多家信息对比，可以对产品拥有更加具体的需求，而且还可以提出一些具有更多技术含量的服务要求。此时，企业就需要及时地调整营销战略，以适应市场新需求。

思科公司在 1991 年开始与一层式的合作伙伴合作，重在扩大销售通道。几年以来，一层式的合作伙伴与直销通道合作无间，这种通道结构的扩张是持续不断的。但来自 3Com 及 Bay Networks 等竞争对手的

压力，随着网络设备产业的竞争日趋激烈，促使思科管理层苦苦思索拓展市场的良计。

由于此时的思科产品只销售给前一千大的公司，思科希望拓展客户至前四千大的公司。因此，就在 1996 年，思科管理层终于决定纳入两层式的合作伙伴，企图借此通道销售价格较低的产品，将产品的销售延伸至中、小企业用户，借以吸引更多的消费者，使市场占有率有所增加。

思科为此于 1997 年初推出针对中小型企业客户，主要通过两层式的合作伙伴通道销售的新品牌——Cisco Pro。产品 Cisco Pro 的定价，比一般的 Cisco 产品定价低，功能、特色相应也比 Cisco 普通产品少。在导入市场后不久，思科管理层由通道回报发现，客户其实并不满意 Cisco Pro 产品，经过整整一年的推广，Cisco Pro 产品当年的营收仅占思科总营收的 3%。

通过营销 Cisco Pro 的经验，思科做出决定：收掉 Cisco Pro 品牌的产品，同时对所有支持 Cisco 及 Cisco Pro 产品的单位进行整合，由三种通道一起来销售 Cisco 产品，在通道区上不再采用产品差异化的做法，但针对不同的通道，除了以客户规模为区隔，并采取一系列的措施，来避免通道冲突的发生。从此，思科的销售竞争力得以提高，通道市场占有率两层式合作伙伴在 2001 年增长至 80%，将竞争对手远远地抛在身后。

我们由思科的案例可以发现，企业的战略目标一旦偏离了市场需求，就像没有打好地基的房子一样，早晚都会倒塌；营销战略如果不符合企业的战略规划，则好比毒品，虽然能够给人带来暂时的愉悦感，实质上却是一种摧残。正如科特勒所言，在架构“企业”这座大房子的时候，地基打得越深，你的房子就可以盖得越高。

科特勒给出的营销战略定义是这样的：业务单位意欲在目标市场上用以达成它的营销目标的广泛原则。他还将营销内容分为目标市场战略、营销组合战略和营销预算三个部分。其实，企业根据市场营销环境及动态变化趋势、自身营销条件等，对自身营销工作做出全局性的谋划，也是营销战略之一。由此可见，要创造出更多的价值，营销战略和企业战略必须保持步调一致。

对营销效果进行全方位改善

在企业的整体框架中，营销是起着引擎的作用。要想使产品有更好的销售量，针对营销战略，企业要从全方位着手，来改变营销效果。比如，认真分析并总结如何满足客户需求，以及如何和竞争对手竞争。但时至今日，营销似乎还没有引起所有企业管理层的足够重视，在很多企业，营销都被忽略了，处在这个企业的边缘地带，处在偏僻的角落里，对它的预算，并没有真正提升到战略的高度，而是都用在了广告、促销上。科特勒认为，营销驱动着企业所有业务的增长，而不仅是一个功能。在这一点上，宝洁公司就是一个成功的典范。

宝洁在品牌营销中的一大特点，是在同一领域成功地推出多品牌。在宝洁，没有完全相同的两款品牌，每一款产品的特性各不相同，这正是考虑到市场本身的多元化，以及不同性格、不同喜好、不同偏爱、不同需求的消费者的根本差别，宝洁不仅力争要满足全球消费者的各种需要，同时也尽力满足市场具体的、独特的需求。

宝洁的系列产品在2000年以后开始了不同程度的价格下调，标志着他们的战略重心开始下沉，终于意识到低端人群对企业的重要性。宝洁似乎还会走得更远，不仅如此，它开始倾力打造自己的低价产品链。不仅仅是赢取低端市场（城市）那么简单，宝洁的目标已经瞄准中国广大农村市场的纵深地带。

宝洁的市场竞争策略的内涵颇值得玩味，不像看似那样简单，那样轻描淡写。简单的“头痛医头，脚痛医脚”，不是营销战略，它是在

“以我为主”的同时，又审时度势，“见式破式，见招拆招”，灵活机动，充分体现出一个市场佼佼者的大家风范。

简单的销售不是营销。在当代经济社会中，营销还包含应对竞争对手的策略，以及满足公司长远战略计划的配套营销措施等，不仅仅局限于市场上的规划。宝洁公司之所以取得了长久性的成功，关键就在于全方位从战略角度强化了营销效果。

我们知道，从科特勒著名的4P理论出发，围绕营销的四个组成要素：产品、渠道、价格、促销所展开的，是传统营销；战略营销除了包括这些策略变量之外，在某些重要的战略方面，远远超出了传统营销的涵盖面。

营销思想发展的一个新阶段——战略营销，认识到忽视竞争、单纯以消费者导向的营销观念的缺陷，特别强调竞争者与消费者之间的平衡。从实质上来讲，科特勒认为战略营销是一种全方位的营销规划，是一种符合企业长期健康发展的营销需要，进而将营销提到一定的战略高度。

企业忽视营销的作用必然走不长远，无法从战略角度来看待营销的企业，也一定不能做大、做强。企业的未来，是由企业领导人对待营销的态度决定的，以及能否在关键时刻全方位出击。

慎重选择，适时放弃

根据自己在行业中的地位，以及企业的目标、技能、机会和资源，来确定自己的战略，是每家企业都需要做的。企业战略的四项活动包括：确定企业使命、建立战略业务单位、为各业务单位安排资源、计划新业务或安排旧业务。

在制定企业营销战略的过程中，科特勒认为，企业总部应当负责确立战略计划。现在，企业的业务计划越来越注重客户和竞争者导向，并且比过去更为现实，也更容易被人理解。对于企业业务计划，许多部门都参与，并且基本上是由集体完成的。

现在的企业逐渐认识到，营销主管首先应是专业经理人员，必须能够随时对迅速变化的市场条件做出反应，因为计划是一个连续的过程。

对于许多高层管理者来讲，他们大脑中可能只有笼统的概念，觉得那项业务可能是“明天的饭碗”，而这些业务已经过时。高层管理者必须抛弃这种凭想象办事的方法，而应该根据实际情况进行业务分类分析。

那么，怎样评定一项业务是否具有潜力呢？科特勒提出主要根据两个标准：“市场业务优势和吸引力。”企业如果拥有在这些市场中获胜所需要的各种业务优势，并且进入富有吸引力的市场，它就有可能成功。而如果缺少其中任何一个条件，很难取得显著的效果。每项业务都要展望其明年、后年以及更往后可能去向哪里，同时应该回顾它在去年、前年甚至更早时间的情况。如果一项业务的预期轨迹令人不太满意，企业就应该要求业务经理提供新战略以及预测可能产生的结果。

要求所有的战略业务单位都要达到同样的增长率或者投资报酬率，往往是企业所犯的重大错误之一。科特勒分析说，业务单位都有自己的生命周期，不同的业务都有自己不同的潜力与目标要求。明确目标、战略，并做出预算计划，才是每个战略业务单位都需要的。

企业一般说来可以采取以下4项不同的战略：

1. 发展

扩大业务单位的市场份额，是发展战略的目的。为了达到这一目标，企业有时甚至不惜放弃近期收入。

2. 维持

保持战略业务单位的市场份额，是企业维持的目的，这一目标适用于量大的现金流类业务。

3. 收获

增强战略业务单位短期现金收入，是企业收获的目的，而暂不考虑长期的影响。包括在计划中不断地减少成本，最终放弃该业务，都是收获活动。此外，研究与开发费用，销售人员的数量，设备的折旧，广告费用的投入等，也是收获活动的思考内容。其目的是希望成本的减少快于销售额的下降，从而使企业的现金流增加。在减少成本时，企业需要注意的是，必须小心谨慎，以免对企业员工、客户及分销商造成伤害。这种业务的潜力一般说来不大，但企业却希望从中获取部分现金，用以投入到等待发展的新业务中。

4. 放弃

清算或者出售业务，以便把资源转移到更有利、更有发展潜力的领域中，这是企业放弃的目标选择。然而，这类过时的不良业务操作方式却往往会拖许多企业的后腿。

因此，企业以较好的出售价格将业务转让，需要在该业务尚有一定市场份额且相对于其他公司还有一定的价值时。

科特勒认为，作为一家企业，不光需要开发新业务，也应仔细收获、削减和放弃那些日趋没落的过时业务，以减少成本和释放需要的资源。企业经理不应该把精力和资源浪费在挽救大量流失的业务上，而应当将目光集中在未来成长与发展机会上。

上述四个要素，在营销战略中是相辅相成的。企业需要进行自我更新，同时还要学会选择与放弃，这样才能把企业做强、做大。

制定产品决策要及时有效

从产品定位、开发、品牌建立到包装销售，整个决策过程其实都是产品决策的内容。这是一个完整的决策链。科特勒认为，决策链中的每个决策环节都举足轻重，不仅决定着下一个环节决策的实施，而且会对整个产品的价值实现产生影响。

一项产品的开发，首先，要符合市场的需求，能够满足市场上某一特定的人群；其次，要获得好的口碑，从而有利于打出品牌，产品质量必须过硬；再次，在品牌设计上，既要突出产品特色，又要切中消费群心理；最后，营销计划中的关键——还要在包装、促销以及售后服务上下功夫。朵彩公司在内衣行业就是一个有关产品决策的成功例子。

彩棉内衣产品的概念通俗易懂，主张鲜明，环保健康。市场调查显示，不低于60%的消费者期待它的诞生。彩棉种植与终端产品的开发在中国已有很多年的历史，消费需求也已初步形成规模，相关技术已经相当成熟。在这样一个99度到100度的临界点上，朵彩公司抓住了这个历史机遇，应势而生。

在朵彩公司问世之前，市面上就已经有了彩棉内衣。然而，如果说它们是首次出现的彩棉内衣产品，那就像是说“嫦娥是世界上第一个登月的人”一样荒唐。大家都知道，这嫦娥只是一个神话，而美国宇航员阿姆斯特朗才是让这个神话成为现实的人，彩棉内衣界的“阿姆斯特朗”则是朵彩公司。因为朵彩公司做到了以科学的定位、优质的产品创造实实在在的彩棉消费热潮。那个让梦想落地成为现实的人，就是朵彩品牌的缔造者和推行者。

在抓住彩棉概念的同时，2003年，朵彩公司从整个彩棉产业链上对资源进行了全面整合，倾力打造出5大经典的系列产品，在市场上很旺销。同时，根据性别、地域、年龄的区别，在产品核心概念统一的情况下，朵彩公司针对不同的细分人群分别推出“经典”产品。朵彩公司创造行业典范，优化产品系列组合，不断推陈出新，推出让竞争者跟踪效仿的款型与面料结构设计，一直走在竞争者前面，缔造出了无数经典产品。

通过产品决策，朵彩公司的营销决策得以成功的实施，在时机与产品市场定位上都非常到位，赢得了市场的一片赞誉。企业明确能提供怎样的产品和服务以满足哪种消费者的需求，以及要达到最佳效果，何时推出产品才好，这些都是需要企业解决的产品策略问题。

企业的一切生产经营活动，很显然都是围绕着产品来进行的，即通过有效、及时地提供给消费者所需要的产品来实现其发展的目标。从这个意义上讲，科特勒认为企业成功与发展的关键，在于产品策略的正确与否，在于产品满足消费者需求的程度。也可以说，产品决策就是营销策略实施的一种战略工具。

还有，由于企业获利的基础、企业战略目标的根本在于产品价值的实现。因此营销战略的实施，直接受产品决策好坏的影响。“细节决定成败”，要想使营销战略的实施如鱼得水，必须注重产品决策的每一个环节。

对上下游营销进行有机整合

在一个企业中，市场营销人员不但要考虑今天的情况，还要考虑明天会有什么更合适的产品适于将来的发展，这种营销被称为“上游营销”；而企业的“下游营销”，帮助的则是销售部门，如给他们一些宣传册，帮助他们销售产品等。

科特勒认为，单纯的商品销售，根本算不上真正的市场营销。市场营销的出现远远比销售的出现要晚，人类大概从有了交换买卖之后，就开始产生销售的概念。而市场营销却是近代市场发展的产物。企业面对交易方式的复杂性以及激烈的竞争，需要细分规划目标市场，制定相应的销售策略，这样一来，市场营销部门也就产生了，即上游营销的诞生。通过市场营销部门制订长远的销售战略规划以后，由销售部门去执行，便完成了从上游营销承接到下游营销。拥有出色且能很好匹配的上游营销和下游营销团队，是做大一家优秀企业的前提。

我国经济在 1992 年进入一个崭新的发展时期，海尔抓住时机，先后兼并 18 个企业：青岛电冰柜总厂、青岛空调器厂与青岛红星电器股份有限公司等，并且开始二次创业，投资兴建海尔园。现在，海尔的产品涉及许多领域，冰箱、冷柜、空调、洗衣机和彩电、计算机、手机等，形成了46个系列，名牌产品群8 600多个品种规格。海尔出色的上游营销团队一直保持着良好的市场洞察力，使得海尔产品不仅从整体上形成优势，同时每一个系列都具有不同的创新点，同时又分别在概念、技术、外观设计、需求等方面独具特色，满足不同细分市场的需要。

在中国家电市场的整体份额方面，海尔于2007年达到25%以上，依旧保持着第一份额；海尔的市场份额尤其在高端产品领域高达30%以上；其中，在白色家电市场上，海尔仍然遥遥领先。对于这些“战绩”，功不可没的是海尔的上游营销。为适应各地区不同的市场状况，将多种销售模式相结合，分公司总经销制就是其主要的典型销售模式，再辅以直控主要卖场，直营大卖场，寻找代理商做三级和三级以下的市场等其他普通的销售模式。成就海尔今天辉煌的，是灵活的销售模式，再加上独到而长远的市场战略眼光。

成为市场上的“常青树”，是每个企业的希望，企业自然也明白营销战略规划在企业中的重要性。但很多企业却没能对上游营销与下游营销的沟通与配合像海尔那样注重，业绩自然也就难以与其相提并论。科特勒认为，若不能聆听市场直接接触者的感受与想法，战略制定者所做出的规划大多是“纸上谈兵”；若不能领会上级制定的战略与策略，销售部门结果往往也是“南辕北辙”。

还有，企业规划并不只包括预算，预算是一堆数字信息，从中是看不到企业策略和战略的。规划不清晰，大多是因为企业没有好的品牌定位。那么，品牌是什么呢？它不仅是产品的一个名字，也是企业财产、资产。比如，奔驰汽车的特点是应用最好的工程制造技术，沃尔沃汽车强调的则是安全性能等。

大多数企业都很重视下游营销，创造出许多销售模式，来增加产品销量，节约成本；然而，如果没有一个长远的销售战略规划去适应市场变化，即上游营销，那么其下游营销所取得的利润终究会达到极限，遭遇瓶颈，这就需要做到上、下游营销完美的“双剑合璧”，以突破这种限制。

塑造与众不同的产品形象

在制定自己的营销战略前，企业不能无所作为，而应该考虑一些问题，如：要生产什么样的产品？所针对的市场需求是什么？等等。企业要想获得成功，需要在充分的调查基础上，提供适合销售的、与众不同的产品。

美国妇女束胸于20世纪初依旧流行，那个时候的美国人普遍认为，妇女的胸部只有像男人一样平坦才算美，而胸部太高则会被认为没有教养。为保持淑女形象，许多少女很早就开始束胸。但束胸也会令人产生不舒服的感觉。一些女生会交流彼此的见解，经过细心观察，伊黛最终创造出一个很不错的设计方案。她采用小型胸兜来代替系胸的束带，再在上衣胸前缝制两个口袋，来很好地掩饰女性乳房的高度。由伊黛所设计的这种新衣不仅为有束胸困难的人解除了痛苦，还受到了不少女士的欢迎，因此伊黛的服装店门庭若市，财源滚滚而来。

但是伊黛并未满足于此次偶然的成功，她心想：如果能够设计出一种服装解除妇女的痛苦，肯定会大受欢迎。于是，一种更大胆、更符合女性心理需求的服装，经过伊黛的精心设计，终于“出炉了”，它就是具有划时代意义的胸罩。伊黛由于担心传统势力的反对，并没有为自己的新产品做过多宣传，但是当这批“代表作”投入市场后，在社会上还是很快产生了轰动效应。

企业的营销环境，在如今经济全球化的浪潮中，也在发生迅速而深远的变化。对此，科特勒认为，竞争的加剧和企业经营的多样化，使经营者不仅仅着眼于短期效益，更应该将精力放在长期战略的运用上，从长远角度来进行筹措，规划企业整体的生存和发展。

索尼公司作为运用营销战略的榜样，不仅利用传统流通体系中还可以利用的部分，而且开辟了独立的销售渠道，并与销售店尽量保持直接接触。直接与经销店联系，更好地了解索尼公司的产品和产品使用方法，就是索尼公司销售员的主要任务。

在开拓新市场时，索尼公司一直坚持用自己的商标进行销售，这样做的目的，就是为了自身的长远发展。

企业在什么时候才算是取得了成功呢？只有在企业的产品与品牌同样广为人们所接受的时候。

美国的布罗瓦公司在索尼公司刚刚进入美国市场时，决定购进10万台索尼收音机，这对索尼公司而言，无疑是百年不遇的好机会。然而，布罗瓦公司还有一个"额外"要求，那就是要求这些产品贴上布罗瓦公司的商标。对当时正处在资金短缺中的索尼公司来说，虽然这个大宗订单十分诱人，但是这有悖于索尼公司的规章制度，因此索尼公司最终拒绝了布罗瓦公司。

索尼公司总是从自己的长远利益出发，为树立并保持企业高品质的形象，还积极地利用商品陈列馆来宣传公司产品，这对扩大企业的影响力，提高企业知名度，都起到了积极作用。

企业在塑造自己的产品和调整业务方面，科特勒认为，首先必须服从于长远发展的需要，要拓展新业务，即使有时放弃部分老业务也是很有必要的。

制订有利的业务战略计划

业务战略计划是指企业的各具体业务单位，根据企业的总体战略而制订的具体战略计划，既包括指导性文件，也包括直接用于指导企业各项业务开展的制度和规定。业务战略计划的制订，不只是一个工作程序上的安排，更是一种促进经济安全的谋略。

企业业务战略计划的终极目的是通过剥离、出售、转让、兼并、收购等方式，对企业拥有的一切资产进行有效的运营，以实现资本增值最大。用科特勒的话说，利用企业最具竞争力的优势，实现企业和竞争对手之间产品与服务的差异化，并给企业的客户带来更大的价值。业务战略计划在某种程度上讲，不但是工作程序，而且是一种谋略。

百安居作为欧洲最大的建材零售商，从中国采购的建材、五金工具等商品，每年高达10亿美元，占总采购量的1/3，而且这一采购量的趋势目前还在增长。自1999年登录上海以来，百安居已陆续在北京、上海、苏州、杭州等城市开设了许多家连锁店，几乎遍布了整个中国。在中国连锁经营企业协会于2002年列出的“2002年家居、建材、家装”专业榜单中，百安居位居总销售额首位，并且取得“单店平均销售额第一”的好业绩。

“先有满意的顾客，再有满意的股东”，在百安居，这是一句人人都知道的话。于1999年刚开第一家店的时候，百安居就打出了两句口号，第一句是“全空调购物”，在当时的上海还没有一个卖建材的地方是带空调的；第二句是“30天无条件退货”，当时市场上的建材店也没有无条件退货的。所以百安居的这些业务战略措施给其带来了不少客源。

百安居的口号到了2006年变为：进入白电、进入软装，在当时，这些可都是竞争对手们所没有的，到目前，建材超市中做软装的也只有百安居一家。其实软装对客户很重要，因为客户在装修的时候希望把家电一起考虑进去。除此之外，在中国的家电销售市场上，有国美、苏宁、大中等老牌对手，如果再将与其相同的东西销售给顾客，那么就没有什么竞争优势，所以百安居当时只销售三个牌子的产品，从而避免了直接竞争，充分利用了自身经营品牌的优势。

这些年来，百安居不断地调整业务战略，无论是质量与购物环境，还是价格上，非常注重市场推广。百安居这些业务战略的转变有其合理性，因为只有在具备了质量和环境优势以后，才能做价格差异化，接下来做市场差异化。百安居成功地打入中国市场，正是建立在这些业务战略计划的基础上。

通过合理地利用业务战略，百安居稳固地占据了中国市场的一定份额。成本领先，差异化、集中成本领先和集中差异化，以及成本领先与差异化整合的战略，企业通常会在这五种广义的业务战略中进行选择。企业业务战略计划的制订，应是明确的、可靠的和具体的，而且要体现出企业自身的竞争优势是否能够充分发挥，是否能够很好地满足市场需求。

当然，比如产品线广度与特色、目标市场的细分方式与选择、地理涵盖范围和竞争优势等，都是业务战略的制定与执行会涉及的多方面因素。但最终目标都一样，就是实现企业的战略目标，为企业创造更多的价值。在科特勒看来，一家企业不太可能会成为市场上的“全能战士”，所以要懂得“扬长避短”，充分发挥自身优势，弥补自身劣势，才是业务战略的精髓，也是市场竞争的王道。

科特勒指出，企业在制订战略时，要优先考虑以下几个问题。

1. 成本全面优先

生产成本和销售成本的最低化，是企业所应追求的，这样能在价格上获得绝对优势，以争取较大的市场份额，在价格上低于竞争对手。

2. 差别化

企业应当发展那些在某些效益范围内会产生经营利益差别的优势。通过对整个市场的评估，从中发现某些重要的客户利益区域，并集中力量在这些区域完善经营。

3. 集中化

企业应将主要力量集中在少数产品与服务上。从了解这些细分市场的需求入手，运用产品差别化或者成本领先策略。

科特勒认为，最有效的战略是要求企业寻找战略同盟者，否则，如果没有形成国际化的战略，即使是那些巨型企业，也不能取得在其业界的领导地位。如西门子、IBM 等，凭借企业国际化的战略，在全球范围内都有着举足轻重的影响。

制订操作的标准和实现经济行业内的联盟，这是新技术应用的要求。虽然处在激烈的竞争中，但是许多由新技术催生下的企业可能会暂时忘记竞争，选择共同制订业界运营的标准。在新技术领域，众所周知，能得到事半功倍的利益的，往往是标准制订者，他们顺理成章地会成为市场领导者。这正如现在所流传的一句话："三流企业卖产品，二流企业卖技术，一流企业卖标准。"

寻找战略同盟者，其实也是市场的营销组合，企业正是在竞争与合作中取得发展机会的。正如科特勒所言，凡是有竞争的地方，同样也会有合作。

调整营销战略，延长产品成熟期

一种产品的销售增长率在到达某一点后将放慢"步伐"，此时，产品将进入相对的成熟阶段。科特勒指出，当产品进入成熟期后，会给营销人员带来巨大的挑战。

1963 年，在"无声小狗"便鞋销售额增长率日渐缓慢，产品开始跨入成熟期的时候，美国费林公司开始对消费者购买这种产品的资料进行比较详细的调查。

经过仔细的调查发现，有 61％的成年人知道"无声小狗"便鞋，但仅有 10％的成年人各自购买过一双。一般购买"无声小狗"便鞋的顾客平均收入比较高，也有比较高的文化水平。调查还显示，在所有购买"无声小狗"便鞋的调查对象当中，家庭年收入为 5000～7500 美元的占 51％；家庭年收入在 7500 美元到 1 万美元的占 28％；家庭年收入在1万美元以上的占21%（当时这种收入属于高水平），他们当中大部分是专业人员或者技术工人，购买的主要原因是“无声小狗”穿起来舒服、轻便且耐穿。这样一来，费林公司真正了解了人们购买“无声小狗”的主要原因，以及顾客的经济收入与教育水平等情况。

针对不同的目标消费群体，费林公司采用了以下几种营销策略。

第一，继续扩大广告范围。费林公司在各种报纸、杂志上进行大力宣传，自1964年起，开始通过电视广告的形式，在“今日”与“今夜”黄金时间栏目内进行广告宣传，同时还增加了13种杂志广告，扩大影响到新目标市场上。

第二，强调“无声小狗”便鞋的特点就是舒适。费林公司在1965年打出了这样的宣传主题口号，即“穿上无声小狗便鞋，使人行道变得更柔软！”

第三，继续对销售渠道进行拓展，发展新的零售点。此时，费林公司已经拥有1.5万个零售点，主要是鞋店与百货公司，与此同时，一些实力很强的竞争对手也成了该公司的最大消费群，“无声小狗”便鞋通过他们的零售店进行销售。

在这个阶段后期，因为成本有所提高，使每件产品价格涨到了11.95美元，但由于这种便鞋的质量好，比竞争者的成本低，总销量依然在上升，到1965年，“无声小狗”便鞋的售卖与利润都达到了高值。

在产品成熟阶段，美国费林公司果断地采用科学调查，确立自己的目标消费群体，进一步扩大自己的市场，创造了市场的新巅峰。科特勒建议，当产品步入成熟阶段之后，由于价格、非价格竞争达到高潮，各竞争对手的价格渐渐一致，这时企业应该针对需求差异，灵活地采用定价方法，以稳定产品销量与利润。

科特勒认为往往在这个时期，一些比较弱的中、小企业开始被淘汰，业内最终只剩下一些善于防守的企业。此时，企业可以通过调整市场、调整产品与调整营销组合的策略，延长产品成熟期，或者使产品生命周期再循环。

第一，调整市场。此种策略不是改变产品自身，而是发现产品的新用途或者改变推销方式等，从而扩大产品的销量。

第二，调整产品。此种策略以改变产品自身来满足消费者的不同需求，吸引有不同需求的消费者。整体产品概念的任何一个层次的改进都可以看作是产品再推出。

第三，调整营销组合。此种策略通过对产品、定价、渠道和促销四个市场营销组合因素进行综合的改革，刺激产品销量的回升。比如，在对产品提高质量、改变性能和增加花色、品种的同时，通过早期购买折扣、过节价、补贴运费及延期付款等方法来降价销售；扩大分销途径，广设销售网点，调整广告媒体组合，变换广告时间与频率，增加推销人员，加强公共关系等“多管”齐下，渗透市场，扩大影响力，进而争取到更多的消费者。

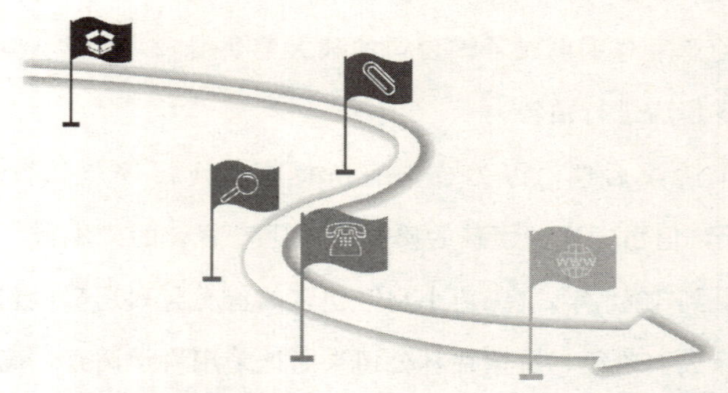

第五章　品牌营销：如何打造强势品牌

品牌营销是一种整合资源的手段，是把企业的产品特定形象通过这一手段深刻地映入消费者的心中，是驱动消费者认同一个品牌的主要力量。一旦树立品牌形象，消费者便会形成一种心理上的认知，这种认知很难超越和模仿。

用独特强势的品牌抓住人心

进行品牌营销之前先要对品牌进行定位，品牌定位不是要我们追求“精准”，而是在对各种资源的“价值评估”之后、追求最佳的对不同价值资源分别的号召力。

科特勒指出，品牌定位的本质在于占有消费者的心智资源，在消费者心智中完成产品注册。高露洁在消费者心智中的产品注册是没有蛀牙，沃尔沃在消费者心智中的产品注册是驾驶安全，戴尔在消费者心智中的产品注册是电脑科技等，并且这些公司都成功了。品牌定位在国外营销界早已形成共识，而在国内，直至红色罐装王老吉品牌定位的成功，才宣告中国品牌定位的开始。

早在 2002 前，红色罐装“王老吉”就是一个很响亮的品牌，在广东的销量非常稳定，赢利状况也不错，销售业绩连续几年都维持在 1 亿多元。发展到这一规模后，加多宝的管理层自然要把企业做大、做强，逐步推向全国市场。

但是，要想把自己的企业和产品做强、做大，就不得不面临一个现实的问题——自己的产品是当“凉茶”卖，还是当一种“饮品”让消费者买？

在中国广东，传统的凉茶因去火功效显著，被普遍当成“药”来服用，不能经常饮用。然而，王老吉这个有着上百年历史的品牌在当地有着凉茶代称的。所以，王老吉受品牌名称所累，无法顺利地让广东人接受它可作为一种能够经常饮用的饮料，销量也因此受到了很大的限制。

从另一方面来说，加多宝生产的王老吉配方源于香港王氏后人，这种食字号产品是经过国家审核批准的，气味、颜色和包装都同广东消费者观念中的传统凉茶不同，并且口感偏甜，降火药力稍弱。红色罐装王老吉可以说拥有凉茶王老吉的品牌，却长着一张饮料化的“面孔”，让消费者感觉“它貌似凉茶，又貌似饮料”，认知陷入混乱当中。

到了 2002 年年底，加多宝公司找到成美营销顾问公司，委托他们对自己出产的红色罐装凉茶进行品牌市场定位。该营销顾问公司通过调研后发现，广东消费者饮用王老吉主要在烧烤和登山等场合，对王老吉并无“治疗”的要求，大多是作为功能型饮料来购买的，凉茶“预防上火”的特色宣传才是其购买的真实动机。

再对品牌的直接竞争对手进一步研究后发现，诸如菊花茶、清凉茶等，因为缺乏专有品牌推广，仅以其低价渗透市场，并不能占据广东凉茶及饮料的市场定位。而传统的可乐、茶饮料、果汁饮料和水等明显不标示预防“上火”的功能，最多称得上是一种间接性的竞争。

自此，王老吉的“凉茶始祖”身份、神秘的中草药配方以及 175 年的历史等，营销人员认为加多宝公司显然是有能力牢牢占据自身品牌定位的。

经过 1 个多月的研究后，对加多宝公司的“王老吉”品牌定位战备已基本形成：首先明确“王老吉”是在传统的饮料行业中竞争的，竞争对手应该是其他饮料；其品牌定位的独特价值在于——喝“王老吉”能够预防上火，让消费者可以无忧无虑地尽情享受生活：吃美食，看足球……

加多宝的“王老吉”在确立了品牌定位之后，就明确了产品营销推广的方向，所有的营销都将遵循这一标准，从而确保每次推广都对品牌价值（定位）进行积累。自此之后，王老吉的销量连续几年都保持着高速的增长，在2008年更是突破了100亿元的销量大关，被冠以“中国饮料第一罐”的美称。

在中国，凉茶行业中的优质产品其实有不少，像邓老凉茶等，但只有王老吉获得了成功，这的确值得我们深思。

事实上，在红色罐装“王老吉”凭借“预防上火的饮料”这一品牌定位取得成功之后，市场上就出现了众多凉茶品牌，千篇一律的跟风让它们成为王老吉的市场追随者，但在罐体的颜色、容量以及产品名称上，都各有区分。一时包括“三九”“椰树”“达利”在内的众多品牌都进军凉茶行业，并不约而同地朝向“下火”这一理念。

但是，这些追随者们都没提出在消费者心智中有别于“王老吉”的品牌定位。迄今为止，也没人能撼动“王老吉”在饮料市场中的强势地位，反倒出现了不同程度的亏损现象。正如科特勒所言，真正的品牌定位不会盲目地跟风，而是在消费者心智中树立有别于竞争对手的标识。

保持并提升产品的品牌价值

随着竞争的日益激烈，品牌对企业的作用越来越大，品牌价值已成为企业资产的一个重要组成部分。品牌价值的形成是一个逐渐积累的过程。最初，品牌只是一个简单的用来识别产品的符号，到后来，品牌本身也具有了一定的价值，慢慢成为留存在消费者头脑中的一个可以感知的存在，它根植于现实当中，对消费者的购买行为进行映射。

科特勒对企业的品牌价值进行了研究，并对其体现进行了归纳，主要如下。

1. 品牌的识别价值

品牌是企业“货真价实”的标志，这种标志将与其他品牌进行有效的区分。

2. 品牌的信息价值

用品牌将消费者需要了解的与想要了解的关于这一品牌的所有信息都予以集中的体现。

3. 品质的保证价值

成功的、熟悉的品牌能够给消费者带来信心和保证，提供给消费者预期的利益，最大化地让渡给消费者价值或者收益。

4. 品牌的附加价值

利用品牌提供比竞争品牌更多的价值与利益，满足消费者精神以及心理层面的需求，让消费者愿意以更高的价格购买产品。

那些成功品牌具有巨大的价值，这已经成为无可争辩的事实。而这些巨大的品牌价值主要源自其丰富的附加价值。科特勒认为，可以从两方面看出一个品牌是否拥有丰富的附加价值：一方面，该品牌是否能够给人带来安全感与信任感，在消费者心目中是否能够形成可靠、放心的印象；另一方面，顾客是否可以从该品牌商品的购买以及使用过程中获得名牌的荣誉感与满足感。现如今，客户的感性化趋势越来越明显，也日益重视心理上的满足与充实。优质的品牌既有助于营销人员降低推销成本，也会激发消费者购买产品的主动性。

另外，企业品牌还能够促使消费者通过对其中一种产品的购买来带动本企业其他产品的连锁性购买，让品牌效应发挥作用，从而大大降低企业的销售成本，提高企业的经济利益。但科特勒始终都在强调，深厚的品牌附加价值是通过长期积累形成的，并且不断地提升品牌价值，才让其品牌在消费者心目中成为一种价值的体现与实力的象征。

现如今，消费者的选择权最为关键，“消费者永远是对的”已成为企业工作中一条至关重要的原则。品牌价值指的是品牌在消费者心目中的一种心理定位和这种心理定位所产生的心理价值的体现。假如品牌对于消费者来讲，无任何意义或者价值，那么它就不可能向投资者、生产商或者零售商提供任何有意义的价值。所以品牌价值的核心内容就是怎样在消费者的心目中建立一种合适的心理定位，并以此将品牌的价值内涵建立起来。

科特勒提出，在经历了价格竞争、质量竞争与服务竞争等阶段后，市场开始步入品牌竞争的阶段。卓越品牌的价值是万万不可低估的。可口可乐公司总裁伍德拉夫就曾经说过：“即便可口可乐公司在全球的工厂一夜之间全都化为灰烬，我只需要凭借可口可乐这个牌子，就能在短期内恢复原样。”

在西方营销界，对品牌或者品牌价值的评估有两种截然不同的角度。一种是从消费者的角度对品牌价值进行评估，也就是从品牌在消费者心目中处于什么样地位的角度对该品牌价值的大小进行评估。比方说，消费者对该品牌的熟悉程度、忠诚度以及品质感知程度、消费者对品牌的联想等；另一种侧重从公司或者财务角度，为该品牌赋予某种价值。品牌的财务评估，现在已经成为人们争论不休的话题。从法国与英国学术界以及众多新成立的国家财会机构就可以略知一二。

科特勒提出，这两种不同角度的评估对于提升品牌价值以及发现品牌建设的诸多问题都是非常有益的，从公司或者财务角度为品牌赋予价值，能够分析对比不同品牌间存在的品牌价值差距；从消费者角度对品牌价值进行评估，能够识别品牌的优势与劣势，以此来实施高效的、适合公司或者财务资源条件等，借此提升自己的品牌价值，提高品牌的市场影响力与品牌占有的市场份额。

近几年来，以顾客为中心的营销策略已经流行，再加上国外成功品牌战略的成功，在向我们说明：**品牌是一个以消费者为核心的概念，如果没有消费者，就没有所谓的品牌，品牌和消费者的关系是品牌价值的最佳体现。**

给好品牌起个好名字

每个品牌都有自己的名称，在选择自己产品和服务名称时，很多企业力求其独一无二，并最终让其成为消费者辨认产品的标志符号。

著名的顶新集团将自己的产品品牌称为“康师傅”，其中“康”字代表健康，非常适合作为食品的内涵，而“师傅”则是一个十分亲切而又普遍的称呼，同时还意味着专业以及好手艺。“康师傅”叫起来很响亮，听起来也很顺耳，非常好记、易识别。顶新集团所取得的成功，在很大程度上应该得益于“康师傅”这一品牌名称。

与之相反的是日本的“洋洋”牌洗发乳，在刚进入中国市场时，这家企业打出的广告语是“不一样就是不一样”。虽说该企业进行了大量的资金投入，并且有当地企业作为有力后盾，但这个品牌还是没能坚持多久就“败下阵”来。后来营销研究人员将其作为案例研究时才指出，“洋洋”这一名称作为洗发乳的品牌名称极不合适，因为其读音和“痒痒”的读音太接近了，这样一来，人们自然不会购买一瓶这样的洗发乳找“痒”。

科特勒认为，为让企业品牌能够适应国际化竞争，在全球市场上获得成长，企业在进行品牌名称的选择时，一定要放眼全球，让这些名称在其他国家也同样具有意义。科特勒将品牌名称选择的主要标准列举如下：品牌的名称应该能让人联想到产品利益；品牌的名称应该能让人联想到产品作用以及颜色等品质；品牌的名称应易读、易记并且易认，而且简短的名称往往要比冗长的名称更有效果；品牌的名称应该做到与众不同；品牌的名称在其他国家不应具有不良的寓意。

那么，究竟如何做才能为企业品牌取一个好名称呢？科特勒提供了下面四种切实可行的方式供大家参考。

1. 采用一些个别的品牌名称

很多企业为了让自己生产的不同产品适应不同的目标顾客，会给不同的产品赋予不同的品牌。这样做的好处是，不会把企业的声誉系在某个产品的成败上。如果企业的某种产品出现了低质量或者遭遇败绩，也不会对制造商的声誉造成太大的影响。比如，生产高档手表的精工制造商，就同时使用其他一些品牌名称来生产一些做工相对简单的手表。企业通过这种“区别对待”，既能生产出不同款型的产品，又可以同时保持其高品质的名声。

2. 对企业生产的所有产品都使用共同的家族品牌名称

亨氏以及通用公司所采用的正是这种策略，它们对公司所有的产品都使用共同的家族品牌。使用同一品牌的最大好处就是开发新产品的成本比较低，因为不需要再为建立品牌名称而花费大量的广告费。假如制造商之前已经建立起良好的声誉，使用同一种品牌应是一个不错的选择。

3. 对企业家族生产的所有产品都使用不同类别的品牌名称

因为很多企业生产的产品类型相差比较大，假如对这些截然不同的产品都使用同一个品牌，就会显得非常不合适。比如，一家公司可能同时生产火腿和化肥，假如给它们使用同一个家族品牌显然就不明智了。除此之外，即便是自己生产的同类产品，企业在使用品牌时也会视其品质不同而有所选择地使用。

4. 将企业的商号和单个名称相结合

很多企业都将自己的名称同单个产品的品牌相联系。这样做的好处就是能让新产品显得比较正统，同时又能够将新产品的个性化特征表现出来。

打造一个好品牌，不仅要有个性、显著性，同时还必须具有文化内涵。此外，假如品牌要朝着国际化的方向发展，就必须去追求国际性。一个好的品牌对产品的成功有很大帮助，但是要找到一个好品牌的确不容易。

美国可口可乐和百事可乐的中文译名，就是品牌成功命名的典型。因为它们的命名既符合外国译名的特点，读来琅琅上口；而且单就中文的字面意思理解，这几个字也有着快乐以及祝贺的美好意愿。与之相反的是，那些意义欠佳的谐音译名很可能会让人感到不舒服，严重时可能会影响产品的生存和发展。

品牌名称的翻译是一门很深的学问，必须要符合当地的文化习惯。很多外国企业在使用当地的译名之前，一般都会请当地人进行考证。许多在某一种语言里显得非常雅致的名称，翻译成另外一种语言就可能会产生不好的意思。比如“蓝天”，在汉语里是一个很大气的名称，但是翻译成英语“Blue Sky”之后，就成为“永远收不回来的债券”；“白象”直接翻译成英文为“White Elephant”，就有“大而无用之物”的意思。总之，名称意义的变化会给产品营销带来非常大的阻力，甚至不管你的产品有多么价廉，质量有多么优秀，也会无人问津。

因此，给自己的产品或者服务起一个好名子，将是企业迈向成功的重要一步，万万不可将其视为一个“文字游戏”而草率应付。

设计独特的标签，使你的品牌脱颖而出

每个品牌都有自己的标签，标签可以是那种附在产品上的简易标识，也可以是通过精心设计的作为产品包装一部分的图案。

其实，标签早在公元1700年的欧洲就被印制用在药品和布匹上作为识别商品的标志。严格来说，标签用来标志商品的分类或者内容，就像是我们给产品定义的关键字词一样，只是一种便于自己以及他人查找与定位目标的工具而已。

但是标签发展到现在，所包含的内容已经远远不止这些了。科特勒认为，除了发挥识别作用之外，标签还能起到描述产品、防止假冒伪劣产品、树立品牌形象等一系列作用。所以，产品标签也被越来越多的公司所注重。

位于美国的西屋电器公司是一个老公司，距今已经有上百年的历史。该公司从 1900 年第一个商标问世至今，先后已经进行了 6 次品牌标识更新，基本上平均每 10 年就要更新一次新标签。

西屋电器公司的品牌标识是由杰出设计家 P·兰得设计的，他提出的设计标准是要让这个品牌标识既能够体现西屋电器公司的外部企业形象，又要表现出西屋电器公司经营事业的性质与范围。

就这样，在 P·兰得认真而又精心的设计下，西屋电器公司的标识诞生了。这个目前世界上最著名的品牌标识，其中心是一个字母“W”。“W”下方则是一个长方形的盒子，里面有“西屋电器”的字样，显然是怕别人将“W”看成是倒过来的“M”。西屋电器公司最开始的标识就是这个。

到了 1940 年，西屋电器公司品牌标识的周围又多出了“西屋电器”字样，“W”下方的长方形则变为一条横线；1953 年，“西屋”字样又被删掉；1960 年，西屋电器公司才采用目前我们大家所熟悉的品牌标识的样子，它是将白色印在了该公司所谓的“西屋蓝”那个浅蓝色的底面上。如今，只要是西屋电器公司的产品，都会使用这一品牌标识，最小的一种标识是刻在该公司所生产的微小电子零件上的，需要用 20 倍的显微镜才能够看清楚这个直径只有 6‰英寸（约含 0.15 毫米）的小玩意儿上的品牌标识，这可能也是世界上最小的品牌标识；而最大的一个品牌标识则是竖立在印第安纳州该公司变压器厂前面的那个圆环中的标志，大概有 3 层楼那么高，是其最小品牌标识的 7 万倍之多。

西屋电器公司品牌标识的变化，由繁入简，始终围绕在其公司的首写字母“W”上，让图形逐渐改变，而在更换的时间上，都会选择在推出新产品；或者是老产品更新改造，或者是包装、信封和信纸等有标记的用品用完；或者招牌和交通工具需要重新喷漆等情况下进行的，因为这时也是换用新品牌标识最合理或者最佳时期。这样既能够节省开支，又容易让原来的商誉得以保持。

企业品牌是由数字、图形及其组合而构成的商品或者服务的标本。一个成功的品牌设计，能够体现出鲜明的时代特征与生命力，美国西屋电器公司图形设计的演变向我们验证了这一点。

科特勒提醒我们，现代企业和产品在市场上的竞争，主要表现为除了要在产品质量以及销售上拉开距离外，还要在品牌与其他知名度上保持距离。这就意味着，哪个企业拥有好的品牌设计并且通过广告宣传，就能够率先在消费者的心中占据一个位置；哪个企业能树立良好的品牌形象，哪个企业就能够在市场竞争中取得主动地位。“西屋”品牌就是这样做的，所以在同行业与同类产品中，成为佼佼者，进而逐渐成为品牌的代言。

品牌标签的内容包括：制造者或者销售者的名称以及地址，产品名称，商标，产品成分，品质特性，包装内置数量，使用方法以及用处、编号，贮藏时应该注意的事项等。科特勒提醒广大企业，在制作标签时一定要注意它能够发挥哪些作用，最低限度也要方便消费者对该产品或者品牌进行识别。此外，企业必须保证它们设计的标签已经包含了所有必要的信息内容。

但是，品牌标识并不是长期绝对不变的。随着社会的不断发展、经济发展的繁荣、市场竞争的加剧、生活方式以及时尚流行的变化，品牌标识的内容和图形也会受到挑战。**企业要让品牌标识以及产品体现的时代感能够适应消费者心理的变化，这就需要不断地改变品牌标识，让其更加完美、更加适合市场的发展。**

用包装来凸显品牌形象

现在的市场，产品绝不只是指产品本身，消费者更倾向于将它看成是满足自身需要的复杂利益的结合，营销人员要将这种利益传递给消费者——从琳琅满目的货柜上的展示，到吸引人们的注意力并对产品进行描述，再到促成销售行为。这一过程，包装起着举足轻重的作用。

因为竞争加剧，美国啤酒市场的消费也有所下降，啤酒企业的生存变得越来越艰难。再加上安豪斯·布希公司与米勒公司等啤酒巨头占据的市场份额越来越大，许多规模较小的啤酒企业纷纷倒闭。

就在这个时候，出产于美国宾夕法尼亚州的罗林洛克啤酒却出人意料地取得了成功。刚开始，由于资金非常有限，广告预算相对不足，该公司只能在包装上下功夫，决心把产品包装变成广告牌，为产品打开销路。

没过多久，美国啤酒市场就出现了一种绿色长颈瓶的啤酒，它独特而吸引人的包装立即吸引了众多的啤酒爱好者。消费者感觉它看起来非常上档次，有些人认为瓶子上的图案都是手绘的，样子独特而有趣，跟别的牌子不同，人们愿意将它放在桌子显眼的位置。

是的，这就是著名的罗林洛克啤酒，它用自己的独特包装给人们留下美好的品牌印象。虽说罗林洛克啤酒在生产工艺流程以及质量上从来就没有能力同米勒等规模大的啤酒厂家竞争，但是它那好看的绿瓶子却掩盖了它的一切劣势。

设计新颖独特的包装能够传达产品的属性与定位，能够引起消费者购买以及试用的欲望，能够通过视觉刺激提升该产品的知名度。罗林洛克啤酒正是捕捉到了这一点，才让自己以其外在的形象在美国啤酒市场上站稳脚跟。假如没有吸引人的包装，即便是罗林洛克啤酒的质量再好，也很快被米勒等大的啤酒厂商挤出啤酒市场，根本就谈不上发展。

科特勒强调，经营者千万不能忽视包装的重要性。

相关调查显示，随着市场上各种产品种类的日益增多，比如，一位顾客在超级市场平均每分钟就能见到300种商品，并且他的购买行为中有3%是出于一时冲动，包装在这时几乎相当于做了一个“五秒钟的商业广告”。包装常被业内人士称为“不说话的推销员”。科特勒认为，作为产品的一部分，包装已经成为一项很重要的产品营销工具。

那么，好的包装应该从何做起呢？科特勒建议改善包装可以从以下几方面入手。

1. 便于消费者携带，方便大家使用

为了让商品的使用更加方便，包装一定要大小适宜。对于旅游食品和饮料，应以一人一次能够用完为宜，对开包后容易挥发又易于变质且用量又不大的商品，包装就不宜太大。为方便携带，很多商品包装应设计成为带提手的，选择比较坚硬、结实的包装甚至是盒装。

2. 要具有一定的审美价值

包装设计要力求外形新颖，色彩也要明快，具有装饰性与观赏性，让顾客看后顿时有一种美的感受。尤其是礼品包装，一定要美观大方，具有比较强的艺术性，用以增加商品的名贵感，进而达到宣传商品、扩大销售的目标。

3. 重复使用包装

重复使用包装就是将原包装里的商品用完之后，其容器还可以作为他用。这种包装策略一方面能够增加消费品的使用价值；另一方面由于包装上附有商标，可以起到商品营销的作用，引起消费者重复购买的欲望。

4. 附赠品包装

附赠品包装是一种由于赠品的附加而引起消费者购买欲望的方式。在以儿童消费为主的市场中，这一策略的效果尤其显著，比如，在包装盒内附上连环画、人物彩照、集字图、小动物模型、精致的小玩具以及赠品券等，都极易引发儿童的兴趣，从而形成忠诚的儿童消费群体。

科特勒认为，产品的包装必须突出品牌形象，包装上的革新能够提高企业的竞争优势。凡是那些好的包装，往往能够引起消费者的注意，甚至是对该企业及其品牌的确认，很多成功的品牌都是从其产品的包装上获益的。应该说，在很多时候，产品的包装可能是引起消费者注意的关键所在，是最终促使消费者决定购买的因素。

借助媒体，寻求新的突破

媒体已经成为当下最有影响力的传播渠道。在我们生活环境的四周，每天都充斥着来自电影、电视、广播、杂志、报纸与互联网的许多信息，尤其是名人的信息。有些名人可能会对关于自己的大量报道感到高兴，也可能会对其加以抑制，这都取决于媒体报道的目的与品牌在职业生涯中所处的阶段。比如，一位名人可能会以其影响力与饱和度出现在公众媒体渠道中，以至于让消费者认为只有星巴克总裁霍华德·舒尔茨或者美国前国务卿赖斯才是世界上少有的值得大家讨论或者批评的人物。当美国体育产业大亨马尔科姆·格雷泽用心筹备颇有争议的对曼联队的收购计划时，他的名字出现在世界几乎所有的大型媒体评论中。他是否已经成为那一刻的明星呢？还是会成为一个月、一年的明星？难道他只能火到下一位商界大亨收购另外一支体育队吗？对于少部分能够突破性地取得高度媒体曝光的有志者而言，机遇也许仅有一次，并且需要认真地管理才能实现。

科特勒认为，“突破”二字意味着突然获得高的知名度，突然为自己打开又新又广阔的市场。利用媒体来突破并获取受众的认可，能够为自己带来大量的机遇。但其缺点在于，不少尚未成名的、准备起航的有志者都会存在一些不足（比如，未完全进行品牌塑造或者还未曾测试好）。媒体对有志者存在的不寻常特质（包括那些不足）的夸大并突出报道也会带给他们危险。所以，通过媒体突破提高知名度所产生的风险往往很大。对于这一问题，必须像对待塑造自身品牌那样，要讲究一定的策略，还要认真地对风险进行处理。

1992年，在美国总统选举刚开始时，罗斯·佩罗是一个很受公众瞩目的候选人，因为佩罗的特质符合传统的故事情节：精力旺盛、自信富有、极富远见。

佩罗突破的实现正得益于大众媒体的宣传，但最终，媒体主导型突破的弊端也阻碍了他前进的步伐。这是因为他生活的各个方面都受到了媒体的检视，自然而然他的缺点也被予以揭露。

此外，在应对各种媒体的“轰炸”方面，佩罗欠缺必要的手腕，准备工作也没有做好。并且，他的支持人员——作者、公关人员与政策专家并未在第一时间向媒体提供信息，因此没能主动掌控好媒体，反倒疲于应对一些负面新闻，这就使他显得脆弱而又保守。

所以，当佩罗仓促决定退出选举时，就已经在预示他的竞选会以失败而落入尾声。这时的他，已经不止一次地自相矛盾，好像被自己的现状完全搞糊涂了。并且当他决定再一次参加竞选时，他更是错误地选择了那位不太称职的、看起来有些迷糊的海军上将詹姆斯·斯托克维尔作为参选伙伴。

过了4年，佩罗在总统选举中再次露面，但是他这次接受的指导就更差了。最终他只赢得8%的选票。人们不再重视他，在人们的记忆里，他已不再是那位性格坚定、富有远见的人，而是一位曾经两次参加总统选举都以失败而告终的、富有而不可预知的“德州佬”，充其量只是当时美国大选中的一个“搅局者”而已。

罗斯·佩罗就是利用媒体来获得高的知名度却付出巨大代价的例子。这对有志者来说也是一个警示：佩罗的突破风险之所以这么大，关系到名人新闻管理方面存在着经济学问题。科特勒认为，媒体将名人视为一种需要进行培养、维持、管理，有时也会被最终放弃的投资。其最终的结果是，媒体主导的突破一般都会按某一顺序进行。媒体会事先亮出这位有志者值得大家关注的缘由，展示有志者卑微的出身以及奋斗史，关注有志者的穿着与饮食，揭示有志者在其所在领域所面临的一系列问题。

科特勒在其营销学著作中曾提出，在那些有志者突破较为成熟的阶段，往往会需要一些磨难性故事来进行辅佐。虽然，有志者已经尽了自己的最大努力，但是媒体突破的各个阶段还会无情地继续下去，当然也有例外情况。所以，不管处于突破的哪一个阶段，有志者都有必要掌握当前形势，检视品牌优势与弱点，并对所有矛盾之处进行修补，或者与公众重新建立更为紧密的联系，给目标市场一个忠实、有力、真实的事件真相。

联合多种工具，打造强势品牌

打造品牌不能单纯依靠一种工具，而应联合运用多种工具来加强并凸显品牌形象，这已经成了品牌打造者惯用的方式。在打造强势品牌时，可能用到哪些工具呢？

1. 代名词

强势品牌在目标市场中被提到时，都会让人联想到一个词，并且是深受大家喜爱的正面字眼。下面我们就列举一系列品牌的代名词。

公　司	代名词
沃尔沃汽车	“安全”
宝马汽车	“驾驶表现”
奔驰汽车	“机械工艺”
联邦快递	“隔夜送达”
苹果电脑	“图像操作”
柯达公司	“胶卷”

2. 广告语

很多公司已经成功地在公司名称或者品牌名称中，植入一句广告语，并在它们每日播放的广告中反复出现。连续播放相同广告语所要产生的效果，就是让该公司所创造出的品牌形象发挥催眠与潜意识的作用。以下就是一些非常著名的品牌广告语，很多人走在大街上都能将其认出来。

公　司	广告语
英国航空	“世界上最受欢迎的航空公司”
美国电话电报公司	“最正确的选择”
百威啤酒	“啤酒之王”
福特汽车	“品质是我们的首要任务”
通用电气	“把好东西带入生活之中”
米尔利	“永远更好”

然而，要想发展出琅琅上口并且能被消费者内心所接纳的广告语，是一件不易的事情。

3. 颜色

假如一个公司或者品牌能够使用一组一致性的颜色，将会非常有助于该品牌的认知度得以提高。比如，专营施工机械的卡特彼勒公司将所有的建筑设备都漆成了黄色。IBM 公司则将蓝色作为其企业代表，因此，获得了“蓝色巨人”的美誉。

4. 象征与标志

在沟通方面采用象征和标志是企业的一种明智之举。很多企业均有邀请知名人士作为代言人的习惯，主要是期望代言人的特质能够转移到品牌上来。耐克公司请举世闻名且广受欢迎的球星迈克尔・乔丹为它生产的运动鞋做广告；斯普林特电信公司则邀请女影星甘蒂斯・伯根为其拍摄广告。运动用品制造商经常和那些世界顶尖的运动员签约，让他们成为自己公司的代言人，甚至用他们的名字来为产品或者器材命名。

但是，邀请知名人士担任企业代言人花费昂贵。此外，这些人很可能会在日后卷入丑闻当中。比如，赫兹租车公司花费了大笔金钱邀请美国橄榄球明星辛普森为该公司的租车服务做代言广告，但是在辛普森之妻惨遭谋杀，辛普森又在洛杉矶逃亡、被逮捕以后，赫兹租车公司只能毫不留情地将辛普森的广告换掉，重新选择代言人。

自主开发出杜撰的主题人物以及黏土造型人（动）物等，是能够在消费者心目中刻画出品牌形象比较省钱的一种做法。李奥贝纳广告公司已经成功创造出很多让人难以忘怀的黏土造型人（动）物，其中就有“绿巨人乔利”“老虎汤尼”和“金枪鱼查理”。该公司还创造出了非黏土造型人物“万宝路牛仔”。这种方法不必花费太多的钱请明星担任，也没有必要总是请同一个人来代言。

还有一种方法就是选择一种物品用来代表公司或者品牌。旅行者保险公司就用一把伞作为公司代表，暗示消费者，只要购买了该公司的保险，就相当于身边备有雨伞可以供万一下雨时之用。而保诚保险公司用“直布罗陀之石”作为企业象征，暗示消费者，在购买该公司的保险之后就“稳若磐石”。很多企业也都已经发展出大家非常熟悉的标志或者抽象的图案设计，甚至是品牌名称的书写方式，这些都会加强消费者的记忆度与认知度。

5. 故事情节

很多品牌都有着自己的故事，如果内容既讨人喜欢又很有趣，那么，将会对公司及其品牌产生正面的影响。故事情节可能和创办人以及创办该公司的艰辛奋斗历史有关。比如，人们会想到亨利·福特在创办福特汽车公司时所扮演的角色，或者是艾尔弗雷德·斯隆在推动通用汽车公司走向成功的过程中所扮演的角色。

科特勒在其营销学著作中就曾列举过可口可乐公司的故事：它的两位创始人想尽所有办法来收藏可口可乐的配方，以免其他人得知其中的奥秘，他们每晚都将它锁在保险箱里。著名的冰激凌品牌“本杰里”创始人本·科恩与杰里·格林菲尔德很受人敬重，他们将利润的7%拿来做慈善活动。无独有偶，目前已经拥有1 100多家分店的美体小铺，也流传有很多关于创办人安妮塔·罗迪克的故事，她对社会和政治的议题颇有见地，并将此特质带入公司经营当中。

作为美国最成功的百货公司之一，诺斯通拥有傲视群雄的客户忠诚度，与其有关的故事更是不计其数。很多人恐怕都听过这样一则故事：有一个人带着一个汽车轮胎前往诺斯通百货公司要求退款，诺斯通百货公司真的如数退款给这名客户。更让人叫绝的是，诺斯通百货公司从来不卖汽车轮胎，可见其服务的过人之处。倘若你到诺斯通百货公司买鞋子，但是你的两只脚又不一样大，售货员可能会给你两只分别适合你左脚和右脚的不同尺码的鞋子，而你仅需付一双鞋子的钱即可。倘若你前往诺斯通百货公司购买广告上刊登出的蓝色开司米羊毛衫，但是这种羊毛衫却卖完了，售货员可能会答应替你从其他店中找出一件相同或者相似的羊毛衫，并邮寄到你的家中。

当然，我们也听过一些为客户服务的故事典范。丽兹酒店的一位侍者发现一位重要的客人忘记将行李箱带往机场，他随即兼程赶至机场，遗憾的是晚了一步；随后他竟然果断地搭乘下一班飞机抵达目的地，找到了这位客人，并将行李交给了他。联邦快递有名的司机由于小货车抛锚，赶忙找来一辆出租车，设法带着很多包裹赶到机场，以便包裹能够及时赶上货机。这些故事都有助于加深客户对品牌的好感，客户也会将这些品牌视为典范。

企业品牌暗含着产品和客户的关系，它暗示着客户所期望的一组特质和服务。品牌忠诚度是凭借符合客户的期望甚至超出客户的期望，也就是凭借传递客户愉悦感而建立的。

为品牌建立多元化的正面联想

科特勒认为，如果一个品牌的名称能让顾客在心中产生正面的联想，那么，这种品牌就可以称得上是强势品牌的代表了。

什么是正面联想？正面联想指当人们看到某一品牌的时候，马上就会联想到其所代表的产品或者企业的特有品质，联想到在购买这一品牌的产品或者企业其他产品时所能获得的利益与服务。任何一个企业在打造自身品牌时，建立该品牌在消费者心目中的正面联想是其首要的任务。

伴随经济的发展，麦当劳作为美国的一个品牌获得了巨大的成功。一提起麦当劳，人们会立即联想到金黄色的“M”型标志以及由红白相间组成的坐在麦当劳门口椅子上的那位麦当劳叔叔，甚至它在世界各地的很多城市中，已经成为人们心目中醒目的路标。麦当劳通过调查发现，每10人中有25%是专门来麦当劳就餐的，那么，另外的75%又该如何去争取呢？对此，麦当劳采取的营销策略是，将招牌的底色做成红色的，而代表麦当劳商标的“M”颜色则被涂成了黄色。消费者一看到红色，自然就会驻足；而看到黄色则会让人产生食欲，麦当劳就利用了人们的这一心理暗示。

麦当劳以其具有高辨识度的品牌形象受到全世界人的热烈关注，也成为人们口中津津乐道的话题，使得该品牌得以快速的传播，不少人在没有见到麦当劳以前就在书本上或者电影里熟悉它了，因此，麦当劳在进入新市场时无须做什么广告，就会顾客盈门。比如在我们中国，麦当劳首次于北京、上海开业，当日单店的造访顾客都突破了万人大关。

其实，让麦当劳享誉全球的因素有很多，但强有力的品牌形象毫无疑问是其中最重要的一项。强有力且一致化的品牌符号定位支持了麦当劳的销售理念：食品、欢乐、朋友。这让每一个想起它的人，首先就会将它同其创始人 Ronald McDonald 联系起来，与其象征着金字牌楼的门面联系起来，与其所服务的孩子们联系起来，与其高效、整洁的工作联系起来，甚至能够同汽车、食品与电影院相联系。

可以说，品牌联想不仅切切实实地存在，还具有一定的力量。消费者积累了很多次视听感觉与使用经验之后，会加强同商标的心理联系。企业在建立品牌联想时，应该注意将品牌的负面联想降到最低。在这里，科特勒还提醒大家，建立正面的品牌联想一定要注意差异化，这样才能起到好效果。

那么，作为营销人员，我们应该怎样为品牌建立多元的正面联想性呢？科特勒建议，企业应从产品的特质、利益、公司价值、个性与使用者这五个方面加以考虑。

1. 产品的特质

品牌首先让人联想到产品的某种属性。比如，一提到茅台酒，就会让人联想到工艺完备、昂贵、酒香浓郁、口感醇厚以及尊贵享受等。企业可以采用一种或者几种属性为产品打广告，比如茅台酒在而今市场上的形象一直就是“中国酒中极品”。

2. 产品的利益

顾客购买产品的最终目的是将产品的属性需要转化成为功能性或者情感性的利益。比如，茅台酒的昂贵属性转化为情感性利益，让人感觉到“这种酒让我感觉自己的地位高，极受人尊重”；茅台酒的工艺完备属性转化为功能性利益，比如会让人感觉到“这种酒饮用起来会很健康”。

3. 公司的价值

品牌能体现一部分生产者的价值。比如，茅台酒代表着高技艺、声望、自信以及其他东西。对此，品牌营销人员必须加以辨别，确定对此感兴趣的用户群体究竟是哪一部分。

4. 产品的个性

品牌能够反映一定的个性。品牌联想可以是一个人、动物或者物品，而这种联想的衍生物是否能够符合用户的审美观，也会影响顾客购买的积极性。

5. 产品的使用者

品牌暗示了购买或者使用该产品的消费用户特征，就是使用某品牌的用户是什么类型的人。当这种品牌暗示在社会上形成风气以及公论时，就会吸引更多的具有或者希望具有此种特征的用户前来购买该产品。

总之，企业品牌是一个极其复杂的概念，要求营销人员在设计品牌时不能只考虑怎样设计一个名字，而是要制定出一整套的品牌含义。当人们能够从五个方面识别品牌时，这个品牌就会成为一个深度品牌被人们所牢记。

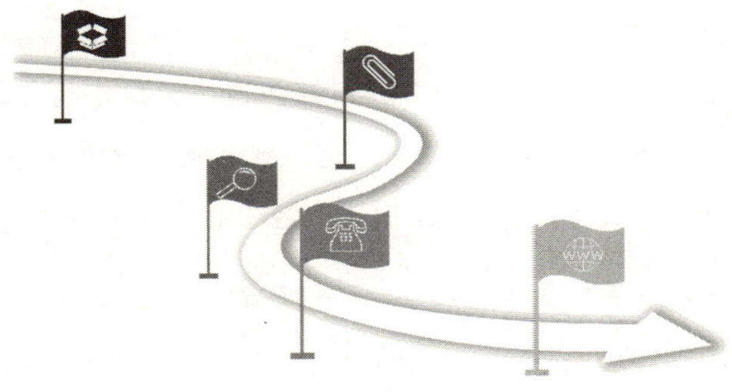

第六章 广告宣传：传播效果+销售业绩，一个也不能少

随着产品的不断更新换代，同类产品的相似度越来越高。如何在类似的产品中脱颖而出，就要依靠企业进行的营销传播。有效的营销传播能突出产品的特性，让人过目难忘，进而促成销售，提高销售业绩。

广告是产品宣传的最直接方式

科特勒说，如今的“注意力经济”早已将企业竞争转入了“广告战”。广告已经成为一种十分有力的宣传工具，每天，在预期客户的头脑中，成千上万的广告信息争着去抢占一席之地，通过媒体通告和劝说并引起他人对自己产品和企业的关注。

1992 年，可口可乐公司在被竞争对手百事可乐公司的大规模广告困扰几年后，采取了非比寻常的措施。它毅然放弃了麦迪逊大街而入驻好莱坞。果断摈弃了和麦迪逊大街上最大的传媒机构 38 年的关系，可口可乐公司得到了创造性支配好莱坞的智囊机构即创造性艺术家代理公司（简称为“CAA”）的统配权。

不可忘记的是，可口可乐公司的广告曾日渐陈腐，而百事可乐公司更具时髦感的广告在消费者的心目中一度超越了可口可乐公司。对此，

可口可乐公司的主管们开始担心自己品牌的个人风格会变得越来越模糊，以至过时。在1989年，可口可乐公司召集了一个非常规的由10位市场理论专家组成的小组，征求稳步占领消费市场的意见。该专家小组最后得出的结论是，如果用普通的方式在普通的媒体中做广告的品牌，只会产生普通的形象，而不会收到任何特殊的效果。他们建议，千万不可落入俗套。但是，按照可口可乐公司的观点，那些大的广告代理公司打出的是数十年来一直用的广告宣传。

不过，可口可乐公司在激进的重振其广告宣传的努力中聘用了CAA，这家在好莱坞响当当的智囊机构。为何会单单选中CAA？因为CAA能让可口可乐公司得到很多一流的好莱坞明星、作家与导演。最关键的是，CAA为可口可乐公司提供了通向大众文化的渠道。该智囊机构十分清楚好莱坞走红什么——语言、音乐、服装和体育；而走红好莱坞的东西会立即风靡于世界各地。

可口可乐公司虽然第一次雇用CAA作为自己的“创意顾问”，但只在几个月内，CAA就和迈克卡恩－伊克森（M－E）公司竞争起1993年度可口可乐公司传统“广告战”的创意控制权。此项活动被人们称为“有史以来可口可乐公司最大的广告宣传项目”。M－E公司在一个宣传日拿出了六则广告，将可口可乐视为全球人人拥有的软饮料。使人耳目一新而形成鲜明对比的是，CAA疾风骤雨式的一个小时的影片使可口可乐公司的管理者们眼花缭乱。在影片当中，他们表现出了近50个激动人心的当代广告的不同思想。在演示结束的时候，CAA获得了20多个广告制作权，而M－E公司却只得到了两个广告制作权。

可口可乐公司于1993年春发起了CAA独创的广告宣传——“永远的可口可乐”。新的广告攻势非比寻常，它完全摆脱了麦迪逊大街的套路，第一次放弃了“一个目光，一个声音，一种销售”的惯有做法。在广告中，几个标准化的、目标广泛的广告正好切合可口可乐的普遍需求。媒体与市场划分全球趋势有不一样的做法是，“永远的可口可乐”

攻势体现了大量广告限定在瞄准特定的媒体、观众与季节的特色。并且广告本身也和可口可乐公司一般的节目有很大的区别。广告与广告之间在格调和目标方面相差很大，它们之间显然没有相连的主题：蝉鸣的夏天，水气漉漉的可乐瓶；一支用可乐瓶演奏音乐的环球可乐乐队；身带节奏凿冰和刨冰的舞蹈演员；追溯从20世纪20年代起就伴随着他们半个世纪的哈利巧遇萨丽式的伴侣；聚集于大块浮冰上的动画北极熊满心欢喜地抱着可口可乐，望着美丽的北极光。可以说，这些广告有的具体、有的抽象，有的情节分明、有的主题模糊。但是，所有的这些广告有一个共性，就是它们均具有“永远”这个口号与可口可乐的圆形标识。

CAA在制作这些时髦的广告时，动用了好莱坞最著名的制作人——罗布·赖纳、弗郎西斯·科普拉、戴维·林奇和理查德·唐纳。

很显然，新的“永远的可口可乐”“广告战”开创了新天地，同时也引发了很多争议。虽然广告业的某些内部人士一致赞美CAA打出的广告既新颖又巧妙、令人开心，甚至性感，但是麦迪逊大街的大部分成员强烈地指责这场“广告战”的策略显得多余而战略贫乏。很多专家对此也是褒贬参半，就像著名广告评论家鲍勃·加菲尔德所评价的那样：CAA推出二十几个咄咄逼人的商业广告，这些商业广告有的时候甚至非常疯狂，但它们却代表了至少十几年来最好的可口可乐广告攻势。它们有的巧妙、有的惊人；有的让人赏心悦目、有的不同凡响，我的天哪，有的时候甚至是精妙绝伦。但是这并不是一贯如此的，有的时候……

这些新广告在引起大众兴趣和颇具娱乐效果的同时，似乎缺少了整体的战略方针。很多观察家，甚至包括可口可乐公司内部的人，都担心这场“广告战”最多只是当代的摸彩袋，是一些聪明但具有松散结构的小把戏。

虽然有这种争议，但是可口可乐公司仍然请CAA为其1994年的广告攻势制作了 30 个广告。尽管最初的“永远的可口可乐”广告宣传引发了不同的议论，但在 1994 年重新登场后却赢得了诸多评价。根据格兰菲尔德做出的解释：30 部广告短片是可口可乐公司的最佳广告，或许是几十年来软饮料广告方面的最佳作品。轮廓鲜明的瓶子，红色可乐的圆章图案与那无法抗拒的、掷地有声的广告词，均发挥了最大的影响。那精彩而又嘹亮的“永远的可口可乐”口号，不再是一系列没有关联的小故事中的结束语，现已成为差不多所有短片中的主题句。这些短片与起初的那些混乱、结构松散的片子根本不一样，它们联系紧密、浑然一体。在对待各种观众不同的语言与播放风格时，它们努力做到了既现代又古典，从而使全球各地可口可乐喜好的人们都被馋得直流口水。

自此，“永远的可口可乐”广告攻势的突破给广告界留下了久盛不衰的印象。对 CAA 最高的赞赏可能是来自 M－E 公司的一位高层人士。他这样说：“我相信，CAA 的‘永远的可口可乐’广告所做出的最为有效的成绩是，他们让这个已经有 107 年历史的品牌表现得并不像一个年龄为 107 岁的老人。他们非常有创见，抛弃了书本，冒着被传统职业创意员与老顾客恶意中伤的危险，探索出一个让人眼前一亮的广告体系。”

科特勒曾指出，最主要的三种营销工具有广告、促销和公共关系。其中，广告是在主办人或者组织的倡导下，通过付费的形式请一些人介绍与促销自己的构思、服务或者商品的行为。广告的客户不仅仅包括商业公司，还可以是非营利性的机构、政府机关和普通大众。

科特勒尤其强调广告和促销的重要作用，广告和促销在企业推广产品的过程中是不容忽视的。其中，广告的目标是在特定的时间内针对特定的目标对象对特殊的传播任务进行设定。而促销的目标则更具体，往往是面对面地请消费者试用产品或者实施短期降价策略。

广告作为一种对观念、商品或者服务进行的介绍，可分为三大类：宣传广告、鼓励广告和比较广告。尽管它们采取的形式不一样，但是实际目的是一致的。

在科特勒看来，广告决策包含对目标、预算、通信、媒体与最终结果的估计。任何刊登广告的人心里都应该清楚，广告目标是劝说、告知或者提醒消费者。广告的预算通常根据其占产品销售额的百分比、目标、任务或者竞争者的实力大小来制定。广告信息决策需要制定信息战略并使之有效地执行。媒体决策必须和最强的广告效果统一。最后，必须正确地评估广告，在广告开始前、进行中或者进行后的不同阶段，对信息传播与产品销售效果做出评价。

在广告制作和广告发布流程上，科特勒认为可分为五大阶段：确定广告目标、制定广告预算、选择广告信息、决策应用哪些媒体、评估广告的传播与销售效果。

巧妙促销，引起他人的关注

对于一款产品来说，如果拥有该产品的企业不去开展一些有效的促销活动，就无法引起他人的关注，也不可能取得较好的销售业绩。很多世界知名的大公司，也往往会在促销手段上别出心裁，以使自己的产品永远畅销。

例如：瑞典富豪汽车澳门分销商的一次产品促销活动，获得了很好的效果。

“富豪”车属于瑞典名车，造型厚重和安全性能好是其优点，所存在的缺点是灵活性差，品牌知名度和含金量都无法与奔驰车相比。多年以来，富豪车始终把牢固、防侧撞的安全性作为广告宣传的重点。

富豪车的营销人员在全球各地花费巨资进行实车安全侧撞表演，每一次都会吸引许多车迷和专业人士光临，同时媒体也会给予大力度的报道。在富豪营销人员的精心策划下，富豪车打动了那些对汽车安全性能要求极高的消费者的内心。当然，澳门分销商的广告也引起了一些人的不满。

尽管促销活动瞬息万变，但是万变不离其宗，因为任何一种促销活动都有相同的目的。就像科特勒所说的，促销的目的是为了让人们马上购买，而衡量促销活动是否成功的标准是看销售的变化情况。

促销指的是短期的宣传行为，其目的是鼓励消费者购买、宣传一件产品或者提供某种服务。公关是提出了购买商品或者享受服务的理由，而促销则提出了现在就购买的原因。很多机构都会采取促销行为，比如，制造商、批发商、零售商以及非营利机构等。促销目标通常对准的是终极顾客群。

现在，在很多销售消费品的公司，促销在整个营销费用中所占的比例越来越大。在科特勒看来，造成这种局面的因素主要有四个方面：首先，从企业内部来看，销售经理们承受着较大的压力，他们想方设法地增加销量，而促销则是一种在短时间内就可以有效增加销售量的手段；其次，从企业外部来看，企业面临着越来越激烈的竞争，而各个品牌的差别越来越小，在这样的情况下，企业通过促销手段使自己的产品和其他产品区别开来，以期能够赢得消费者的青睐；再次，由于媒体越来越多元化，再加上广告法律的完善，企业公关活动的效果有所降低；最后，企业的销售部门对顾客的引导越来越多，而零售商则越来越多地和制造商打交道。

一般情况下，企业的促销方式有以下几种：消费促销，即免费试用，有样品、赠品、优惠券、特价包、现金折扣、奖品，实施联合促销、产品保证等；交易促销，即价格折扣、折让或者提供免费商品；销售与业务队伍促销，比如，采用贸易展览会与集会、纪念品广告等形式。

在科特勒看来，企业在应用促销手段的时候，必须对目标，制定、预试、执行与控制促销方案进行确定，并评估它们的效果。促销的最大效果就是能够在短时间里增加销售额与市场份额，但其长期效果非常有限。另外，必须考虑促销活动成本这一因素，尤其是那些高成本的促销活动，应该对促销能够实际增加的销售量和可能导致增加的成本进行对比。

在大部分情况下，企业会用赠送打折券或者礼品来吸引消费者，这种做法可能会使销售量骤然升高，不过，一旦活动停止，其销售量就会马上回落。其实，这是任何一家企业都不愿看到的情形，因此，对赠送打折卡或者优惠券这样的促销活动所能达到的效果，应给予客观的认识。相反，倘若企业能给自己的促销活动赋予某种概念，为消费者提供心理归属与价值取向，那么消费者不仅会感觉自己得到了物超所值的产品，而且会把自己的心理感受传递给别人。

借媒体的力量进行公关造势

在现代企业中，借媒体进行公关造势逐渐成为一种流行的趋势。公关造势中最常用的一种手段是“新闻造势”，即凭借一些偶然事件与突发事件，在一般人认为普通的小事情中挖掘新闻价值点，吸引新闻媒体广为传播和连续报道。不过科特勒提醒广大商家，新闻造势不能无中生有地编造新闻，否则便是不负责任地欺骗大众的行为。

当年，美国联合碳化物公司一幢 52 层高总部大楼竣工后，有一大群鸽子竟然都飞进了其中的一个房间，还将这个房间当成其栖息之所。没过多久，鸽子的粪和羽毛就将这个房间弄得异常脏乱。

曾有管理人员建议打开这个房间所有的窗户，立即赶走这群鸽子。这件事情很快传到了该公司的公关顾问耳中，这名公关顾问反对这种做法，认为这群鸽子分明是极好的公关角色。

在这名公关顾问看来，如果此时举行一次记者招待会，开展一次专题性活动，散发介绍性的小册子等，均可以将总部大楼竣工的信息传播给公众，这实属一种不错的公关方法，但却是太过常规的方法。最好的方法应该是让公众产生浓厚的兴趣，使其迫切地想听、想看。在征得领导的同意后，这名公关顾问下令关闭了这个房间的一切门窗，没有放走一只鸽子。接下来，他设计并导演了一场趣味横生的“制造新闻”的专题性活动。

这名公关顾问首先独具匠心地用电话联系到动物保护委员会，告诉他们这里发生的事情，还提到为了不伤害这群鸽子，让它们更好地栖息在房间，请动物保护委员会快点派人前来，处理这件保护动物的“大事”。动物保护委员会在接到电话后非常重视，答应马上派人前往目的地处理这件事情，他们还郑重其事地带着网兜，准备小心谨慎地捕捉每一只鸽子。

紧接着，这名公关顾问便打电话给新闻界，不只告诉他们一个非常具有新闻价值的信息——一大群鸽子飞进了大楼的奇景，还告诉他们在联合碳化物公司总部大楼将会发生一件既有趣又有意义的动物保护委员会捕捉鸽子的“大事”。这条颇有价值的新闻立即引得新闻传播媒介都派出了记者前来采访与报道。

动物保护委员会在各大媒体的聚焦下，在捕捉鸽子时非常认真、仔细。他们从捕捉第一只鸽子开始，到最后一只鸽子落网，总共花了 3 天的时间。在这 3 天的时间里，各新闻媒体连续报道了这次捕捉鸽子的行动，使社会公众兴趣浓生。

不得不说，那些漫天的新闻报道将公众的注意力全部吸引到了联合碳化物公司上，吸引到了联合碳化物公司刚刚竣工的总部大楼上。从此，联合碳化物公司的总部大楼名声远扬，公司领导还充分利用在荧屏上亮相的机会，向公众介绍公司的宗旨与情况，从而加深与扩大了公众对公司的了解，进而大大提高了企业的知名度与美誉度。

通过把小事件营造成大新闻，联合碳化物公司不但不费分文就赶走了那群鸽子，还美美地宣传了公司及其新建的总部大楼。从制造捕鸽新闻，到传递并渲染新闻，足足折腾了三天的时间，深深吸引了社会公众的注意力，自然也使公司的知名度深入人心。

通常，企业公关造势采取电视、报刊、信函、电台、会议以及支持公益事业等方式，使企业的知名度得以传播。科特勒说过，良好的企业声誉能够转化成产品声誉，大力促进产品的销售。通常来讲，企业采用公关造势的时候，要考虑公关具有的如下优势。

首先，新闻价值高。凡是公关活动的报道者，都具有一定的新闻水平，能在社会上引起良好的反应，并产生一定的销售潜力。在进行公关活动时，企业经常邀请记者、专家或者政府人员出席，与这些出席者建立良好的关系，能够通过他们对企业及产品的状况进行介绍，并公布企业对国家、社会与众多消费者作出的贡献等。

其次，信誉度高。新闻报道通常通过第三方来进行宣传，能在社会上引起良好的反应。公关一般是和有关社会团体建立联系，提供相关的咨询服务，通过这些社会团体的宣传报道，让公众对企业及产品产生良好的印象。

再次，改进促销质量。良好的公共关系能够鼓励和支持推销人员、经销商开拓市场，增强他们在销售过程中的勇气和信心。企业通过培训专职的公共关系人员，对消费者与用户的信函和访问进行及时的处理，尽力解决他们提出的不同问题，最大化地弥补企业在规模或者市场知名度方面存在的不足。

最后，减少资金投入。虽然开展公共关系活动需要支付一定的费用，但是与其他方式的费用相比低得多。因为公共关系是通过第三方在传播媒介上发表企业产品的消息报道，与广告和推销相比，节省开支是其具有的明显优势。所以，公共关系在对企业营销机会的洞察和营销方式的组合等方面，通常会收到神奇的效果。

参加公益活动，树立良好形象

公益性活动是树立企业良好形象的一种重要手段。科特勒认为，参加公益活动，有利于企业在公众心中留下乐善好施的亲切感，从而赢得公众的赞赏与认可。同时，参加公益活动具有较好的传播效应，因为传媒乐意报道公益性的赞助活动，不仅覆盖面广，效果还好，费用在有的时候并不比广告费用多，可以说，这种方式既经济又实惠。

位于美国佛蒙特州的本·杰里公司是一家专门生产与经销冰淇淋食品的企业。这是一家在十几年前由两个年轻人用 8000 美元开设的小冷饮店。现在，它已经发展成为“美国冰淇淋大三”，生意非常火爆。

那么，到底是什么让本·杰里公司从一个毫不起眼的小店发展成为盛极一时的巨头企业的呢？答案非常简单，那就是公益性活动。

在创业之初，该公司就不吝惜用于公益事业的资金。开业没多久，就拨出专款，举办了露天免费电影节，此项举措受到了公众热烈的赞赏，同时也让本·杰里公司的荣誉形象初步切入人们的心中。

在经营取得进展之后，该公司又设立了“本·杰里基金”，用公司 7.5％的税前利润，赞助或者奖励当地的公益事业，开展慈善活动。在具体的参与过程中，他们不只是捐钱，还力图将慈善活动贯穿于公司整个经营过程中。为了扶植印第安人，该公司使用印第安人采集的野草莓做原料，新推出“野莓”牌冰淇淋；还使用热带雨林的硬果制作冰淇淋，并将其所获利润的 60％用于热带雨林的环境保护项目。

1992 年，该公司发起了“不遗弃一个孩子”的主题活动，马上得到了社会各界人士的响应，先后共有 7 万份邮件纷纷飞往美国国会，一致支持本·杰里公司的倡议。从而使这个主题被列入国家最高机构的议事日程，其影响波及全国。

这一系列圆满成功的公益性活动让本·杰里公司的好形象深入人心。一提起这家公司，人们想到的不只是冰淇淋，还有温情与亲善。现在有越来越多的人开始关注本·杰里公司，这家公司因而也从顾客那里得到了丰厚的回报：顾客们经常给公司寄来各种改进生产的有益建议。根据这些建议，该公司及时改进产品的不足之处，以便更好地适应顾客不断变化的需求和口味，被人们誉为“具有现代风味的冰淇淋”而畅销各地，历久弥新。

自创业之初，本·杰里公司就注重做公益事业，顺应时向，抓住了消费者心中的兴奋点，引起消费者的共鸣，为企业树立了良好的形象。毫无疑问，公益性活动的商机对新品牌或者无名品牌快速提升其知名度的意义非凡。科特勒强调，不仅如此，对于那些已经知名的品牌或者已经被市场公认的强势品牌而言，其作用同样是不容小觑的。

在现实生活中，通过公益性活动公关的方式五花八门。日本本田汽车公司当年在美国到处散发一本叫作《本田和美国社会》的小册子，以阐明该公司对美国经济作出的贡献，从而减轻美国人对日本经济侵入的疑虑与抵触情绪。1977 年，享誉全世界的“金利来”捐款 5 万元，作为梅县足球队的经费，资助梅县地区举行了一场高水平的“宪梓杯”足球赛；独资赞助了“金利来”全国优秀足球队邀请赛、“银利来”中国足球杯赛和“金利来”杯全国足球联赛等。

科特勒在自己的营销学著作中这样指出，不同的企业可以根据社会事件的发生与企业的发展状况来参与或者开展公益事业，以提高自己在社会公众心目中的形象。科特勒还提醒广大商家，正如其他推广手段一样，在考虑什么时候以及怎样使用公关促销时，公关管理部门应该首先制定出公关处理方位与目标，然后选择公共关系中需要运用的信息与工具，展开公关规划并对其结果进行评价。需要注意的是，公关应当和其他促销活动融为一体。

利用名人效应，获取消费者认同

消费者常常会对名人产生可信、信赖或者是消费观念上的追随心理，进而使名人具有了一定的公信力和影响力，这便是社会心理学所称的“名人效应”。科特勒认为，企业可以利用消费者的“名人效应”心理来促成产品的销售。“名人效应”是一种非常有效的“借势”促销手段，能消除一般消费者的提防心理。

阿迪达斯运动用品作为国际上著名的体育运动品牌，早已人人皆知。当你打开电视，观看精彩的体育节目时，就一定会注意到那些蜚声体坛、闻名全球的著名运动员大部分穿的都是各种色彩独到、款式新颖以及带有三瓣叶图案的运动衣，这就是阿迪达斯运动系列的服装。

阿迪达斯公司为了维系公司产品的世界知名度，常常花费巨资邀请世界著名的运动员对自己的产品进行广告宣传。每年该公司都要将产品总量的 3%～6%无偿赠送给世界各国的著名运动员与体育团队。

早在 1936 年的柏林奥运会时，阿迪达斯公司便开始采用这一促销策略。当时，该公司刚刚研制了一种新的短跑运动鞋，为了打开其销路，将眼光瞄向了美国著名的短跑名将欧文斯。那是由于欧文斯在当时的田径赛场上几乎战无不胜，获得了很大的成就，如果能与欧文斯签订协议，让他穿上阿迪达斯公司生产的跑鞋参加比赛，一旦欧文斯赢得了冠军，阿迪达斯公司就可以向全世界宣称自己的产品与欧文斯的成功同步。经过多方联系，阿迪达斯公司最终与欧文斯签订了协议。结果，欧文斯那次一举赢得 4 枚短跑金牌，成为奥运会田径赛场惹人注目的明星。如此一来，阿迪达斯公司的新跑鞋就成为体育爱好者们的抢手货，很快就畅销于全世界。

到了 1984 年，阿迪达斯公司又拿出了 50 万美元给世界著名的网球明星兰顿，作为他在比赛时穿阿迪达斯网球鞋的比赛酬金。

通过体育明星宣传，虽然阿迪达斯公司为此支付了巨额费用，但这些付出给它带来的回报是无法用金钱来估量的。“名人效应”不只帮助阿迪达斯公司推销出无数的运动服、运动鞋和运动帽等运动系列服饰，最主要的是，阿迪达斯公司向全球各国的消费者宣传了公司的产品品牌，让公司产品成为闻名于世的品牌，也正是这个著名品牌才为自己带来了更多的收益、更响的名气以及更火的生意。

利用名人效应，发挥名人在一般消费者心目中的地位与影响，引导消费者认可与接受企业的产品，可以最终实现产品促销目标。

然而，科特勒提醒广大商家，名人对企业而言是一把“双刃剑”，应当谨慎行事，倘若运用失当，其负面效应不容低估，对此应有清醒的认识与把握。应该说，选择合适的代言人是广告取得成功的主要环节。通常来讲，好的形象代言人具有以下特征。

首先，有较高的社会知名度与美誉度。从某种程度上讲，名人知名度的高低和广告效果的大小是成正比的，而名人的美誉度会让人产生一种信任感，产品借名人扬名，名人和产品这两者相得益彰。

其次，名人与所宣传的产品之间应当具有某种关联性，能够建立起一种名人形象和产品形象的协调关系。

最后，慎重考虑名人自身的形象、特长和个性魅力等是否和广告需要沟通的目标消费群相协调。

巧用新媒体，整合营销传播

随着科学技术的不断发展和更新，以及传统媒体与新媒体不断以新的形象走入公众的视野，受到公众的关注，随之而来的是整合营销传播有了新的发展。曾有一份报告显示：在生产消费产品的大企业的最高管理层与营销主管中，有70%以上的人喜欢将整合营销传播视为改进企业传播影响的主要工具。

众所周知，美宝莲在世界大众彩妆品牌的领先地位，主要成就于它彩妆产品的多样性与高品质。但是在它的品牌形象传播中，美宝莲的新媒体整合营销传播是值得大家称赞的。

2008年，在各大城市的地铁和公交车厢里，一则“美宝莲”的视频广告吸引了大众的眼球——Mabel（美宝）约会视频，这个视频的内容是根据女主角Mabel的约会对象特质与美宝莲的睫毛膏色彩种类，分为四个不一样的篇章，并设计了“约会突发状况情境”凸显产品“防水”这一特性。当大众兴趣盎然地欣赏完约会视频，屏幕上便出现了这样一行文字：“你觉得 Mabel 最适合与谁交往呢？”并且还在屏幕的下方附上了投票网址。

与大家之前看到的美宝莲电视广告片不一样，美宝莲此次采用的是一则互动广告。这则广告具备任何可以进行“互动营销”的品牌特质，即高品质的产品，具有竞争力的功能、质量、价格、服务以及完善的渠道等。除了互动视频广告以外，美宝莲还采取了多种传播方式，其中特别注重运用新媒体，比如，博客、视频、手机、分众等都是新媒体。现在，新媒体的大家庭越来越丰富，终端越来越多，交互性也越来越多。美宝莲是怎样通过运用新媒体为品牌传播服务的呢？选择仅有一个，那就是整合营销。

视频广告之后简短的一条信息将“接受”转变为“交互”，巧妙地把“终端”转到“网络”与“手机”，利用 POCO 网这个以图片兴趣聚合的社区平台实现由传统的“视频单向广播”到一种互动性的传播方式。

除了可以为该视频的主角 Mabel 投票选择男友外，在美宝莲的 POCO 网的投票互动平台上还可欣赏“化妆视频”，体验“恋爱测试”，了解更多的美宝莲产品。美宝莲之所以选择 POCO 网这个 Web 2.0 网站投放，不仅是因为看中了 POCO 网用户基数大、流量高，用户群体年轻化、时尚化的特性，而且是为了避开门户、娱乐和视频网站用户分散，人群广泛，互动性相对不强的短处。而这种基于体验的社区互动，与美宝莲整体市场策略、公关计划相结合，与 POCO 网的受众利益、兴趣点相结合，多种新媒体整合的沟通方式使用户互动实现了连续性，教育并引导顾客产生购买行动、有效地认知品牌、产品以及服务。

可以说，美宝莲花费了自己最少的钱对尽量多的资源作了整合，通过多种传播方式影响消费者，特别是选用了互动性较强的新媒体，充分应用了整合营销传播技术，以达到品牌传播效果的最佳化和最大化。

和传统媒体相比，科特勒认为新媒体自然有其自身的特点。在进行整合传播营销应用中，企业营销人员需要熟知新媒体的特点，以收到更好的整合效果和传播效果。下面就介绍几种新媒体的特点。

1. 手机媒体

今天，手机已经不再只是一种通信工具，它还扮演了“第五媒体”的重要角色。手机已成为集通信、视频和上网等功能于一身的掌中媒体。

2. IPTV

IPTV即“交互网络电视”，通常是指通过互联网络尤其是宽带互联网络对视频节目进行传播的一种服务形式。互动性是IPTV的主要特征之一，IPTV用户不再是被动的信息接受者，他们能够根据自己的需要选择收看节目。

3. 数字电视

数字电视作为一种新媒体，同样可以袭人眼球。应该说，飞速增长的数字电视用户给传媒的发展提供了一方新的平台。

4. 移动电视

移动电视的主要特点是覆盖广、反应迅速和移动性强，除了传统媒体的宣传功能与欣赏功能外，还具有城市应急信息发布的功能。此外，对于公交移动电视而言，最大的特点是“强迫收视”。这种电视正是抓住了大众在乘车和等候电梯等短暂的无聊空间强制性地传播，使消费者在没有其他选择的时候被它俘获，这对广告的传播效果可能会更好。

5. 博客

自2002年博客在我们国家正式兴起以来，博客突破了传统的网络传播，受到了人们越来越多的关注。博客将个人性与公共性紧密地结合起来，这种新媒体的商业价值也正被越来越深入地发掘。

选择正确的销售渠道，达成双赢

企业对销售渠道的选择，直接影响企业的成败，因为一家企业的渠道决策，将直接影响到其他的每一个营销决策。明智的选择，正确的决策可能会达成双赢的局面，而一旦决策失败，就可能会导致两败俱伤的结局。

美国固特异轮胎公司已有60多年的历史，其成功源于通过强大的固特异独立经销商网络独家销售备用轮胎。固特异公司与它的2 500家经销商都直接受益于这种合作伙伴关系。固特异公司获得了其单个品牌经销商们不可分割的产品忠诚，而经销商们则获得了享有盛誉的固特异轮胎产品独家销售权。然而，在1992年，固特异公司曾打破传统，宣布它将通过美国西尔斯公司的汽车中心销售固特异这一品牌的轮胎。毋庸置疑，这是对固特异经销商们的一次沉痛打击，让他们同“零售商巨人”西尔斯公司针锋相对。这次决策是对原来神圣不可动摇的经销商网络的一种背弃，让不少经销商都感到愤怒与震惊。

还有好几个因素使固特异公司的销售系统发生了变化。20世纪80年代末期，大规模的国际合并使轮胎行业得到重组，最终只剩下5个强有力的竞争对手。日本桥石公司将凡士通公司兼并、德国大陆公司收购了通用轮船公司，意大利派利公司吞并了阿姆斯特朗公司，还有享誉法国的米其林公司将UG公司兼并。60多年来始终称霸世界轮胎制造业的固特异公司，现在已经落在了米其林公司的后面，屈居第二位。作为唯一幸存的美国轮胎公司，固特异公司发现它正在同强大的、新近补充了能量的国际竞争对手抢夺美国市场份额，它已经无法再像对付国内实力较小的竞争对手那样为所欲为了。

更要命的是，消费者对如何以及到哪儿购买轮胎的观点正悄然发生变化。与之前相比，消费者买轮胎的冲动性更强了，并且很在意价格的、更多的轮胎购买者从那些更便宜的品牌折扣商店、百货商店以及仓库俱乐部中购买轮胎。这些商店所占有的市场份额在短短的5年时间里增长了30%，反观轮胎经销商的市场份额却下降了4%。由于经销商包销，所以固特异公司不能将轮胎放在很多消费者购买轮胎的地方。同样，消费者购买方式的转变也给轮胎经销商带来了很多问题。虽然固特异公司为其经销商提供了充足的各色价位的轮胎产品，但是却无法满足众多消费者对低价轮胎的需求。

20世纪90年代，固特异这座“大厦”开始出现坍塌。虽说在美国依然位居第一，但它在美国备用轮胎市场中的份额却在5年时间里下降了3%。在同持久的经济衰退与来自米其林公司以及桥石公司的各种价格竞争的激烈搏斗中，固特异公司出现了自经济大萧条以来的首个亏损年，所以急需想办法予以补救。

为此，固特异公司组建了新的领导集团，由斯坦利·高特带队。此人是业界一位神奇的将才，曾将鲁伯梅德公司从俄亥俄州一家极不景气的橡胶公司一举改造成为美国最受人尊崇的市场领导企业之一。斯坦利·高特在1991年接管固特异公司，并很快采取行动对固特异公司进行精简，包括减少沉重的负债、削减成本并卖掉非重要产业。然而，最大的变革却来自市场营销方面。在高特的带领下，固特异公司加速了新产品开发，并大力投入广告费用。比如，在1991年底，固特异公司同时推出了四款新轮胎，它们分别是创新型的防水滑阿考奇牌轮胎、适合于带货卡车与大篷货车的“辩论手”牌轮胎产品线、环保节能的“绿色”轮胎、以及具有高性能的“鹰”牌型号。到了1992年，固特异公司生产的轮胎产品超出了通常生产量的3倍，共出品了12种新型轮胎。

在改革固特异公司陈旧的销售系统方面，高特除了在西尔斯公司销售生产的轮胎外，还在沃马特连锁店销售固特异轮胎。市场调查表明，在4个沃马特顾客中，就有一个是潜在的固特异轮胎购买者，而且购买者来自那些独立的经销商根本不可能进入的细分市场。除此之外，固特异公司还经营新的私营品牌业务。它和凯利一斯普林菲尔德部门没多久就签署了一笔通过沃马特连锁店销售私营品牌轮胎的合同，并且与凯马特连锁店和MW公司也达成了协议，甚至联系了仓库俱乐部。在销售方式上，固特异公司做了新的探索。比如，它现在正进行一项直接而又快速服务的折扣店概念“公平轮胎”测试，用来抵挡其他低价竞争对手的进攻。作为另一项尝试，固特异公司近年来开始向零售商出售轮胎，并先挑选出几个美国城市作为试点。

在市场营销、销售以及其他各方面的变革推动下，固特异公司重新运转起来。在高特等人不懈努力的第一年，固持异公司的销售量与利润直线上升，不仅让其市场份额增加了1%，股价也翻了4倍。扩大的销售系统看起来是一个非常有意义的促进因素，至少从短期看来如此。对固特异公司而言，只要在西尔斯轮胎业务中占20%的比例，就意味着每年能够多售出300万只轮胎，这样就能足以挽回公司之前丢掉的50%以上的市场份额。

从长远发展目标来看，开发新渠道有失去固特异公司原有包销商网的忠诚度以及效益的危险。为实现最高效益，固特异公司与其经销商需要为共同利益协调合作。然而，固特异公司与西尔斯公司以及其他零售商之间达成的协议引起经销商们的强烈不满。一些经销商甚至开始采取报复手段，经营并猛烈地促销那些售价更便宜的杂牌轮胎，这些经销商的做法最终也许会削弱固特异公司的名声，使其能够要求的产品溢价有所减少。

当然，固特异公司也采取了相应的行动来支持这些焦急的经销商。比如，它现在向经销商们提供急需的低价固特异轮胎系列。固特异公司衷心希望扩大后的销售渠道能够给它的经销商带来更多的帮助而并非是伤害。最后，高特认为，通过西尔斯公司的规模销售能让固特异公司的名声变得更大，所以销售渠道的扩大对经销商而言意味着更多的赢利。然而，很多经销商仍旧表示怀疑。从长远上看，经销商的不合作将削弱固特异公司的市场力量，并抵消从新销售渠道中获得的那部分销售收益。虽说固特异公司可能又在勇敢前行，但行程却并未结束，因为前方路上的障碍还有很多。

科特勒认为，企业定价取决于是使用大众销货商还是使用高质量的专卖店。企业的销售能力与广告决策直接取决于经销商的说服能力、训练能力以及促销能力。企业是否开发某一新产品或者获取某一新产品则取决于这些产品与渠道成员能力的适合程度究竟到了哪个地步。

但企业往往会忽视其销售渠道，有的时候会产生灾难性的严重后果。与之相反的是，很多企业已学会采用极富想象力的销售系统来为自己赢得竞争优势。比如，通用电气公司在销售主要电器时，为客户提供精确的计算机订货程序以及运货系统来支持其经销商，所以取得了巨大的优势，实现了双赢。

在销售渠道决策过程中，科特勒认为，在某些时候经常会涉及同其他企业的长期协定。总之，企业管理部门必须谨慎地设计企业销售渠道，除考虑今天的情况之外，明天可能的销售环境也同样要加以重视。

细分市场，进行营销推广

产品的营销推广不只是单纯的介绍产品功能，也不是美化产品自身，而是将产品特色和产品目标消费群的消费需求心理有机结合起来，从而使产品特色和消费者的心理需求对接起来。科特勒认为，积极的效果是衡量所有推广活动的最终标准。如果没有效果，没有满意效果的推广，即便形式再美妙，内容再创新，也是没有意义的。

对此，企业可以通过细分市场对产品的目标市场与目标消费群进行确定，由此进一步确定目标消费群的心理需求状况，然后据此将产品宣传推广的特点提炼出来。

创维公司倡导“彩电不闪烁”，宣传“健康电视”的理念，在广告语中提出“不闪的，才是健康的”。因为创维公司发现，彩电消费者在看电视的时候对电视屏幕的闪烁十分不满，认为这会对自己的视力健康造成严重的损害。针对这种心理，创维公司在产品开发与特色推广过程中将“不闪”当作一个核心特色。将“不闪”作为健康电视的标准，推广“健康”特色，从而与消费者追求眼睛健康的心理相对接。

发现市场消费心理需求的主要环节是合理地细分市场，据此确定目标市场。科特勒强调，企业在广告活动中首先要面临的问题是：本企业产品的目标市场在什么地方？那些乐意购买本企业产品的消费者群具有什么样的特征？消费群的年龄、性别和职业各是什么？消费群的需求、爱好与购买行为的特点具体是什么？企业若想在广告活动中获得成功，就必须对消费者的不同需求情况进行充分的分析和了解，依据企业的具体条件，将那些能够发挥企业差别优势的市场当作企业广告的活动对象。此种选择其实就是在选择目标市场，而选择目标市场的前提是对市场进行细分。

美国著名的管理学家温德尔·斯密于 1956 年率先提出市场细分的概念，他指出，市场细分指的是企业按照消费者需求的不同特征，将一个整体市场划分成许多个消费者群体与市场面，每一个需求特点相类似的消费者群体便是一个细分市场。比如皮鞋市场，便可以细分为城市市场与农村市场，可以细分为男性皮鞋市场与女性皮鞋市场，还可以进一步细分为老年人市场、中年人市场、年轻人市场和儿童市场等。

大家都知道，市场是不断发展的，企业要想在激烈的市场中赢得竞争优势，就必须善于认真而又科学地细分市场。市场上存在着千千万万个消费者并分散于不一样的地区，他们的需求不一样，购买欲望也不一样，这是市场细分的基础，也是商家寻求特色的源泉。

承认市场上的消费者具有不一样的需求特征是市场细分的核心。不同的消费者对商品的要求不同，这是市场细分的客观基础。所以，市场细分将消费者分类不同于普通的市场消费者分类，这是由于普通的市场分类可以依据产品的分类进行市场划分，而市场细分则是从消费者需求的角度出发，按照消费者需求存在的差异进行划分。

所以，企业应根据自身具有的优势，顺应新情况，采用新策略，把整体市场细分成若干个消费类似的消费群，从事某方面的生产与经营活动，来选择与自己的经营活动相适应、自己也能满足的目标市场。

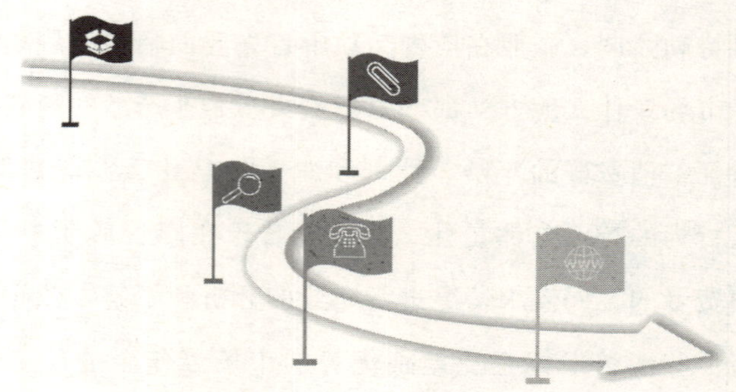

第七章　口碑营销：自夸十句，不如他夸一句

对企业而言，“让客户满意”永远是生存的核心资本。自夸不如他夸，顾客满意后所形成的良好口碑，会促成公众对产品的认可。而当一个企业一旦失去了良好的口碑，便可能会在很短的时间内倾塌，更不用说在市场营销中胜出了。

 优质的后勤服务是建立良好信誉的前提

市场后勤的最终目标，是满足顾客在效率和盈利方面的要求，用最好的方法存储并运送商品。市场后勤具有较高的成本，但产品和服务的提供者只有做好市场后勤服务，才能建立起良好的信誉。

市场后勤服务是营销竞争的重要工具之一。科特勒认为，市场后勤需要产品的供应商、代理商、制造商和营销者等共同协作，来满足顾客在效率与盈利方面的要求。

市场营销实质上就是一种服务，而在所有的营销行为中，后勤服务极其重要，所占的比重也非常大。科特勒反复强调，倘若后勤服务搞不好，就会直接影响企业同中间商的合作，同时对商品市场份额的占有也会产生不利的影响。毫不夸张地说，企业的后勤服务如果没有做好，那

么企业在产品开发、生产、广告以及促销中所做的许多工作就有可能徒劳无功。

在进行后勤服务时，科特勒指出企业应遵循诚实守信的原则，做到热情认真，以一流的服务态度与质量赢得合作者与顾客的信任。只有想顾客之所想，才能够了解顾客真正的需求，设法满足顾客。而这样做的结果不但有利于他人，也有利于自己。

科特勒认为，从企业管理的角度而言，售后服务是比较难以控制的环节。因为企业需要直接面对的是成千上万个消费者，而这些人所需要的服务种类与程度都会不一样。从传统意义上来说，企业与顾客只是卖方与买方的关系，是生产和消费的关系。然而，现在的人们已经不这样看了，顾客一旦购买到某个产品，就会向该产品的生产者或者销售者要求良好的售后服务，这是顾客的权利。

有一项商业调查结果表明，现如今，服务质量已经远远超过了产品质量，成为决定企业经营成败的一个关键因素。诚然，服务质量对现代企业的发展起着很大的推动作用。而企业要想提升自己的服务质量，争取获得更大的利润，就必须从加强管理着手，而加强管理就必须从改变旧有观念开始。企业必须意识到自己和用户之间不仅仅是一种简单的供求关系，还应该包括企业对消费者应尽的义务。科特勒说过，售后服务绝不是对消费者施以额外的赐予，而是企业必须承担的一项工作内容。并且，售后服务必须具有规范化、高标准化的特点。企业为用户提供各种售后服务，就意味着正在履行自己的义务。企业要想建立良好的信誉，莫过于认真、诚实地履行这项义务了。

在科特勒看来，对待售后服务的态度是新销售观念与旧销售观念之间最大的差别。重视售后服务是企业销售的一种必然趋势，不仅体现在技术发展方面，也体现在经济技术发展方面。

科特勒认为，企业可以通过售后服务直接接触用户，并借此使企业和用户之间的关系变得密切，在确保已占有市场份额的基础上，继续扩大产品的市场占有率。除此之外，售后服务还有助于将消费者对产品反馈回来的一些意见以及要求在第一时间里告知企业，促使企业不断地提高自己产品的质量，更好地满足消费者的需要。售后服务还可以作为一种产品补救措施，为消费者解除使用的后顾之忧。另外，随着产品性能复杂程度的提高，不少新技术的维修也只有那些经过专业训练的人才能够进行操作。

假如说品质管理是企业生产过程中的“第一次竞争”，那么，售后服务就可以视为产品的“第二次竞争”。在经过市场的多次考验以后，不少耐用消费品在质量和价格两方面都变得十分接近，此时，售后服务品质的高低就凸显出其特殊地位，甚至可以将其视为一种竞争手段被赋予不同寻常的意义。因此，只要是购买商品，就必须挑产品质量，挑产品价格，同时也要考虑售后服务。这是因为售后服务既能够确保商品质量，也可以让顾客依赖企业。

假如两个企业无论是产品还是规模都难分伯仲，并且推销手段也无差别，那么手段更高明的企业就一定会在售后服务环节上下功夫，从而争取到更多的消费者。

对于现如今的状况，科特勒说，消费者的投诉对企业而言的确构成了一种压力，如果企业要对投诉的消费者有所交代，就必须做好售后服务。美国 IBM 公司成功的秘诀就是：提供服务，提供压倒性的、无懈可击的服务，特别是售后服务。

那么，为什么要反复强调服务质量关系到售后服务呢？科特勒指出，主要就是希望大家能够清醒地认识售后服务，千万不要认为将货品卖出去就万事大吉了。还需要注意的是，必须确保市场占有率以及产品的信誉和质量，而一切将货品一旦卖出去就等于可以一劳永逸的想法是没有远见的。

以顾客为中心，让服务无懈可击

成功的因素很多，但对于所有企业来说，要想获得成功，必须拥有一个共同的特点，那就是必须要以顾客为中心并全力进行市场营销。

作为一家以提供自己动手家居改为具有特色的大型连锁店，家用仓储公司在市场营销方面有着突出的表现。究其原因，该公司既是顾客驱动型的公司，又对顾客达到了“痴”的程度。用这家公司的共同创立人兼执行总裁伯尼·马库斯的话来讲就是：“我们所有的员工都懂得什么是‘圣杯’。它并非赢利，而是指义无反顾、满怀热情地为顾客送去关怀。”

猛一看，家用仓储商店就像一个巨大的洞穴，并非多么起眼。传统的水泥地面，像透风仓库一样的内部结构，整个店堂给人的感觉就像是一个大型的飞机库。但在这里，你完全可以找到你想要的东西，且价格公道。家用仓储商店所经营的商品种类更是多达 35 000 多种，各种同家居改善有关的产品可谓是应有尽有，并且在价格上要比当地所有五金店的都便宜 20％～30％。

但是，家用仓储商店提供的还不只是这些物美价廉的货品。或许你在家用仓储商店购物时的最佳享受是其优质的顾客服务。伯尼·马库斯同其合伙人阿瑟·布兰克建立公司的唯一使命就是帮顾客解决家居改善问题。他们的总体目标是：“选择那些笨手笨脚的、除了拧灯泡之外都缺乏自信的持家人，将其改造成装修先生或者装修女士。”要完成这项任务，需要的并不仅仅是简单地兜售商品给顾客，然后赚取他们的钱财，而是要建立持久的顾客关系才是该公司的主要目标。

阿瑟与伯尼深知让顾客满意的重要性。他们通过计算得出，一位满意的顾客按照“顾客购物生命价值”来计算，价值为 2.5 万多美元（每次光顾商店花费 38 美元，乘以每年 30 次到商店的次数，再乘以大约 22

年逛商店的年数）。而要让顾客满意，就只有依靠训练有素、满怀热情的职员一如既往地对其提供良好的价值以及优质的服务。阿瑟曾说："我们策划方案中最重要的一部分，就在于本店职员对顾客的关怀程度。"

就这样，家用仓储公司用高薪招徕最优秀的销售人员，再对他们进行全面的培训。全体职员都必须参加常设性"产品知识"班的学习，以获得将来能够解决顾客问题的实际经验。为创造顾客价值与满意，该公司将职员当成合伙人来对待。所有专职职员最起码有7%的年度薪金通过公司股票的形式进行发放，从而让公司职员在顾客服务业务中具有主人翁的自觉性。每位职员工作时都必须穿一条鲜橘黄色的围裙，上面醒目地写着："您好，我叫×××，家用仓储公司的股东。让我来为你服务吧。"

阿瑟和伯尼在顾客服务方面也已经成为保护顾客利益活动的积极参与者。比如，每年会有4个星期天，在清早6时30分，两人都会穿上他们自己的那套橘黄色围裙，通过闭路电视向全国7万名员工现场直播"与伯尼和阿瑟共进早餐"节目——这是一种很好的老式的鼓励性质的电视广播。据称，伯尼通常会采用以下问答来激励他的门徒们："'要想有一个饭碗去哪里？'职员们会回答：'西尔斯……洛伊斯……建筑者广场。''要想开创一番事业去哪里？''家用仓储！'"喊声称得上震耳欲聋。有时候，当热情高涨至发烧的程度时，伯尼会一把抓住看起来已无法招架的阿瑟，在他的脸上"啧"地大吻一下，无比激动地大呼一声："我爱你，阿瑟！"

事实上，家用仓储公司并没有采用一些零售商所采用的高压销售技巧。恰恰与之相反，该公司鼓励销售人员同顾客建立长期的关系，也就是说，不管花费多少时间，都要一次次地进行耐心的解释，直到顾客的问题得以解决。该公司支付给职员极其可靠的薪水，以便他们能在顾客身上花费必要的时间，而无须担忧销售的事情。伯尼宣称："在我嘴中含着金苹果死去的那天，正是我们开始支付员工佣金的日子。”其实，对职员的训练是要求他们能够帮助顾客比预计的少花钱，而不是怂恿顾客尽量多消费。伯尼说：“我很爱听顾客说他们原本打算花 150 美元，而我们的员工告诉他们如何运作后只需花 4 美元或者 5 美元就能满足自己的需要。”

可以说，关爱顾客已让家用仓储公司成为当今最成功的零售商之一。家用仓储公司正是本着时刻为顾客着想的理念，才有了自己在市场中的一席之地，就像伯尼·马库斯在本节开篇中所断言的：我们所有的员工都明白什么是圣杯。它并非赢利，而是指义无反顾、满怀热情地关怀顾客。

科特勒指出，凡是以顾客为中心的企业都绝对用心地致力于在界定明确的目标市场内发现并尽力满足顾客需求，激励企业中的每一位员工为顾客创造卓越的价值，以便形成高层次的顾客满意。

科特勒还指出，市场营销与企业其他职能最大的不同就在于它直接和顾客打交道，创造顾客价值与满意是现代营销理论以及实践的核心所在。由此，我们可以这样简明地定义：市场营销指的就是在可获利的情况下为顾客提供满意的服务，其目标就是通过承诺卓越价值来吸引新的顾客，并通过让顾客满意而留住老顾客。

打造专属服务，赢得顾客的芳心

对营销人员来说，所销售的同一类型的每件产品是毫无差别的。比如，某企业推出了同一型号的手机，不管售出一款还是售出成百上千款，对于这款手机产品是没有什么差别的。但科特勒却提醒我们，产品虽然没有差异，但是服务却是有差异的。

我们进行市场营销时需要面对形形色色的顾客，虽然销售的是同一款型号的手机，但有些人购买是为了上网娱乐，有些人购买则是为了商务助理，还有些人购买是冲着听音乐或者玩游戏而买的……总之，不同的消费者对同一件产品会有不同的需求和偏好。那么，我们该如何做才能让同一件产品满足完全不同的人的需求呢？“服务”，这就是答案。

科特勒在其营销学著作中提出，服务是一个十分广泛的概念，它包括具有无形特征却能够给人们带来某种利益或者满足感的可供有偿转让的一种活动或者一系列活动。服务的特点有不可感知性、不可存储性以及品质的差异性。可以这么说，在高度同质化产品的今天，“服务创造价值”已经成为现实。我们在进行产品销售时，销售的不一定是产品本身，最关键的是，你是否能够为顾客提供他所需要的一些服务。

作为一个生意人，于先生业务繁忙，常常全世界到处飞，忙得忘记自己的生日是再正常不过的事了。

今年，当他的生日到来时，于先生意外地收到了一张生日贺卡，上面写着“尊敬的于先生，您好！我们是泰国的东方饭店，您已经有 3 年时间未曾光顾我们这里了，我们这里的员工都很想念您，也希望能够再次见到您，今天是您的生日，在此之际，祝您生日快乐！”

被自己遗忘的生日，远在泰国的东方饭店却还记着！于先生一下子被感动得热泪盈眶，他不禁回想起自己上一次入住泰国东方饭店的情形。

那天清早，当于先生走出房门正要准备用餐时，楼层服务生很恭敬地问道：“亲爱的于先生，请问您需要用早餐吗？”

“你怎么知道我姓于呀？”于先生疑惑地反问道。

这名服务生说：“按照我们饭店的规定，我昨晚已将所有入住客人的姓名背熟了。”

惊讶之余，于先生高兴地走进电梯，前往餐厅。刚走出电梯，餐厅服务生就热情地鞠躬说：“里面请，于先生。”

这下子于先生感到更奇怪了：“你连我的房卡都没看，怎么知道我姓于呀？”

餐厅服务生回答："上面刚刚打过电话，说您已经下楼用餐了。"

于先生一走进餐厅，服务小姐马上微笑着问："于先生，还在老位置用餐吗？"

哪个老位置？于先生细想自己差不多已经有1年时间没有来过这里了，上次究竟坐在了哪里，连自己都记不清，服务员怎么会知道呢？

看着于先生一脸惊讶，服务小姐立即解释说："我刚查过电脑，您在去年6月8日曾经坐在紧挨第二个窗口的座位上用过早餐。"

于先生顿时想了起来，开心地说："老位子！非常好。"

服务小姐接着问："还是老菜单吗？一个三明治，一颗鸡蛋，一杯咖啡？"

"对，老菜单！"于先生点点头。

这天早上，于先生很开心，这顿早餐是他从来没有享受过的，也是最美妙的。

是的，这就是服务的意义所在。其实，每家饭店所提供的服务几乎都是相同的，甚至每个步骤都是完全标准化、无差异化的，然而泰国的东方饭店却善于通过提供差异化和人性化的服务，为顾客营造一种"宾至如归"的感觉，并且给于先生留下了良好的印象，满足了于先生独一无二被服务的心理，相信他在下一次旅居泰国时一定会首选东方饭店。

在上述案例中，东方饭店能够记住每一位旅客的姓名，给每一位顾客建立独特的数据档案，其实就是把每一位顾客都视为是差异化的个人，根据每一位顾客的习惯和偏好，提供专属于他的服务，这就是独一无二的服务。

科特勒认为，在很多情况下，我们都能够采用个性化服务来促进我们的产品销售。通信服务可以给顾客定制不同类型的套餐组合；理财、保险行业的营销人员可以针对特定的顾客提供对其有利的业务办理建议；健身会所可以为每一位会员建立独特的健康档案……这些做法其实都是通过差异化的服务，来为自己推销的产品"添彩"。那些聪明的营销人员大都懂得在推销过程中因人而异，用不同类型的服务打动不同人的心，为每一位顾客提供专属服务，这样企业产品又何愁销售不出去呢？

提供增值服务，增加客户好感

竞争的激烈使众多企业大显神通，他们可能通过其他方式，而非单纯以低价或者协助客户降低其他成本的方式，来为其生产的产品或者服务增加美誉，如可以选择一种以上的利益提供给客户，从而达成交易，赢得客户的好感。这一过程便是提供了增值服务。

近几年来，有一些企业已经发现了“大量定制”的市场契机。所谓“大量定制”指的就是大量地为个别客户设计产品、服务甚至是沟通方式的能力。由于灵活的制造力与计算机资料库的存在，企业可以为成百上千位甚至数百万名客户提供独一无二的产品，以下例子就是很好的证明。

1. 女性泳装

位于马里兰州的泳装制造商 Suited for Sun 公司，在几家零售店中安装了计算机（摄影系统），让该公司能够更加方便地为每位登门的女性客户量身打造设计属于她们自己的泳装。

2. 牛仔裤

知名品牌“李维斯”牛仔裤的销售人员能以精确的尺寸，为客户定做出一条牛仔裤，并且在短短两天的时间里送到客户的家中，而客户只需比正常价格再多支付 15 美元就可以了。客户如果下次还需要再做一条牛仔裤，就不用再到店中专门交代细节。

3. 自行车

享誉日本的全国自行车工业公司，可以依照个别买主的偏好以及零件结构需求，生产出定制的自行车。该公司可以从 199 种颜色和 18 种自行车车型中，衍生出多达 11 231 862 种不同类型的车。

4. 个人专属音乐带

个人专属音乐带就是为制作个人专属的录音带，个人音乐公司允许客户从多达 5 000 首以上的歌曲中挑选自己喜欢的歌曲进行专门的制作。

5. 播种设备

位于美国伊利诺伊州的播种机制造商 John'Deere's Moline，能够根据客户所需的规格变化出 200 多万种不同的机型。这些播种机能够在单一的生产线上，不必按照任何顺序，每次都能生产出某种机型。

6. 医疗用品

作为一家大型的医疗用品供应商，贝克顿一迪金森公司向医院客户提供不种类型的选择：设计客户专属的商品标签、整批或者个别的包装、客户化的质量控制、客户化的计算机软件以及账单系统。

科特勒认为，通常善于提供附加价值的公司，都能想象出一种极为有力的价值提供或者利益结合的做法，以赢得客户的好感。它们可以从以下利益中，选择一种以上的利益提供给自己的客户，从而达成交易。

1. 量身定制。

2. 超常的便利性。

3. 更为快速的服务。

4. 更多且更优质的服务。

5. 提供指导、培训或者咨询。

6. 超越常规的服务保证。

7. 有用的软件和硬件工具。

8. 会员优惠方案。

科特勒认为，当企业应客户的特别需要而将产品或者服务客户化时，它就称得上是“体贴客户”的实践者。比如，在“汉堡王”和“麦当劳”的大战中，汉堡王运用了“依照您的口味”这一市场定位，也就是说，将原本所提供的标准产品，按照客户的口味进行调整。并且，汉堡王还邀请消费者提出变化口味的要求，邀请他们看看究竟哪家公司能够做得更迅速、更美味。

有的公司平时就习惯将产品客户化。专业的化学药品公司能够依照客户的具体要求，对药品的配方进行调整；包装机械公司能够设计特殊的设备，以满足个别客户提出的包装需求；波音公司可应采购飞机的航空公司需求，设计出747客机，配置与内部装潢也很有特色。

提供量身打造的产品和服务，是成功的企业极其重视的，同时，这些企业也会采用顺应客户需要的沟通方式。当消费者觉得同卖方取得联系、查看产品、下订单都非常方便时，卖方就有更佳的机会吸引并满足客户。所以，卖方致力于建立广阔的市场覆盖面以及设立展示间、分发目录和制作网页。宝马汽车公司曾在网页上推出过这样的主题，允许那些潜在客户自行设计爱慕的“宝马”，但是必须在此车制造完成后买下这部车才行。

科特勒认为，还有一种提供便利性的做法，就是企业给客户更多的联络时间。银行之前的营业时间通常是从上午9时到下午3时，周末不营业，而且银行还遵循传统所谓的“3—6—3原则”：银行借款利率为3%、银行贷款利率为6%、银行职员在下午3时以前要结束一天的工作到高尔夫球场打球。但作为英国成长最快速的银行之一的第一直通银行的客户，却能够在任何时间内通过电话进行金融交易。我们也可以在诸如戴尔、盖特威等个人计算机直销商那里见到类似的做法。

科特勒还强调说，即便有些企业不能提供每周7天、每天24小时的服务，也能够凭借比竞争者更长的营业时间而获得利益。“书店业巨人”巴诺书店，营业时间一直都维持在早上9时到晚上11时，从周一到周日都是这样。很多人都会走进巴诺书店去浏览一下书籍、喝一杯咖啡、聆听作家演讲，或者和朋友在此碰面。巴诺书店应该说已经成为重要的社区中心，成为人们生活中的一部分。

当然最能诠释便利重要性的，莫过于便利食品店的兴起了。日本7—11便利商店命名的原因就在于它从早上7时开门营业，到晚上11时才打烊。它给予客户购物时间上的便利，让他们能够在较早或者较晚的时间买到所需要的牛奶、饮料、糕点或者其他食品。

目前，已经有很多企业将自己定位成“速度领导者”，这是为了顺应那些想得到较快速服务的客户需要。

用新颖服务给顾客全新的体验

服务具有无形性，可变性，易消失性。这就要求企业在增加服务供应品的质量时，还要增强服务的创新性，让顾客体验一次便会牢牢记住。

科特勒认为，服务的创新就是让潜在用户感受到与之前不同的崭新内容。服务创新为客户提供之前没能实现的新颖服务，为顾客带来一些全新的体验，企业的产品自然也会让越来越多的顾客乐意接受。

寇克旅游公司事业的开端，来源于其创始人寇克想方设法地帮穷人戒酒的服务创新理念。

为帮穷人戒酒，寇克专门组织了一个戒酒会。那些嗜酒的人，大多精神苦闷、意志消沉。为帮他们摆脱精神上的苦恼，寇克决定让会员们多看看外面广阔的世界，多接近大自然。

为了让这次戒酒会举办得更加成功，寇克把会期安排在了铁路沿线的几个重要的镇上，从而让会员们能有一个旅游观光的机会。为减轻会员们的负担，寇克还要求铁路当局在票价上实行打折。这也正是寇克发展旅游事业的开始。

就这样，寇克的聚会成为穷人廉价旅行的机会；而接近大自然的方法，让很多人在放松身心之余顺利地实现戒酒，寇克的名字也越来越响亮。

这次戒酒会的成功举办，让寇克酝酿出发展旅游事业的计划。在他看来，不仅那些戒酒的人喜欢旅行，其他人也应该都会喜欢。于是，就成立了旅游服务处，代客人安排交通工具出行。

因为寇克自小在外流浪，对出门旅行者的心情了解得非常透彻，所以他很注意照顾客人的起居细节。他经常这样说："出门旅行的人，都和小孩子差不多，需要特别的关怀与照顾。"

"虽说观光旅行需要花钱，但是作为一个旅行事业的经营者，一定要将客人的钱包视为自己的钱包。替他们能省一分，就省一分。万万不可因他们不熟悉外地情形，而漫天要价。"这是寇克曾经说过的。

由寇克所推崇的这一理念一直被奉为旅游业的金科玉律，他的公司也用此话作为宗旨，在开拓各项旅行业务的同时，不断提高服务品质，从而最大化地满足不同层次顾客的需求。

而经常为人们所乐道的事莫过于寇克公司所组织的几个极具特殊性质的旅行团，比如创办百慕大蜜月旅行和巴厘岛观光等活动，都很吸引人。

老寇克的理想是"经营旅行观光这项事业，不仅仅是带别人去游山玩水，更是一个探求新知识、新事物的先锋队。"为了实现这一理想，寇克旅游公司提供了不少极其特别的服务，比如，每年组织一个探险队前往非洲探险；提供一些水上旅游活动；为未来的月球旅行提前进行安排，而且现在已开始受理订票业务。

可以说，旅游服务的创新，使寇克以迅雷不及掩耳之势，迅速赢得了美国旅游业的霸主位置。

寇克在旅游经营业上的成功经验表明，在E趋激烈的市场竞争中，要想真正获取成功，就必须不断地提高服务质量，关爱旅客，勇于开拓新市场。寇克从一名旅客的角度出发，想旅客之所想，制定出一系列服务原则作为公司的服务宗旨，从而让该公司在今天依然能够处于国际旅游业的领先地位。

科特勒认为，服务是公司永恒的主题，也是永远解决不清的管理难题。事实上，服务的标准与服务的动力都有同样的定义，那就是不断地进行创新。公司非但要为消费者提供价廉物美的产品，而且还要为消费者提供优质、高效的售前、售中和售后服务。这是因为在买方市场上，公司想要生存以及得到不断的发展，就必须做到不仅在产品上“人无我有、人有我优”，还要在服务上做到不断创优。与此同时，消费者的需求在不断变化，公司要适应顾客不断变化的需求，在不断推出一些新产品的同时，还要不断地推出新服务，从而使公司获得更好的发展。

为了帮助我们在纷繁的服务竞争中轻松地胜出，寇克旅游公司的做法也许能带给我们几点启发。

1. 服务创新，不一定需要投入太高的成本

寇克公司的旅游事业其实就起源于一个戒酒会；也无须过高的运作成本，只要是为消费者提供服务，每个人都会有机会在服务方面进行创新。

2. 勇于拓展现有的服务

为了帮戒酒者摆脱苦痛折磨，寇克旅游公司让会员们有机会去看外面的世界，多亲近大自然。这样人性化的服务，成为寇克发展旅游事业的起点。始终记得“那些出远门旅行的人，其实都跟小孩子差不多，需要特别的照顾与关怀”，这也正是寇克的服务创新思路，为公司赢得了拓展的机会，也使公司成为同行业中业务拓展的榜样。

3. 进行大胆的构思，秀出自己的特色

诸如创办百慕大蜜月旅行、巴厘岛观光等吸引人的旅行活动，公司每年组织探险队探险，提供一些水上旅游活动，以至于为未来的去月球旅行作安排，有的已经开始受理订票等一系列的活动，这就很容易赢得消费者的认同，同时也体现了寇克旅游公司在服务方面创新的思想。

维护公众关系，积累无形资产

良好的公众关系有助于维持企业得来不易的各方面之间长期的优先权及活力，企业所进行的所有营销活动都应该与维护公众关系有关。

一位客户向比恩公司声称，他不仅损失了所有渔具，还差点丧了命，这都是由于他从该公司购买的筏子漏水，最后他只好游回岸边。他找回筏子后，便把它寄给比恩公司，还附有一封信，要求比恩公司为他更换新筏子，并且还索要因为丢失渔具的补偿费700美元。最后，他一一如愿了。

美国的一位运通卡持有人未支付8月份5 000多美元的账单。他给出的理由是，他在土耳其购买了一些昂贵的小地毯，但是回国后才知道，这些小地毯的总价只相当于他所付价款的一半。对此，美国运通公司没表示怀疑或要求这位运通卡持有人付款，而是派人跟踪这一争议，要求他寄一封信概述小地毯的估价情况，并帮他解决这一问题。美国运通公司一直到解决完这场纠纷，都未要求对方付款。

炎炎烈日下，西南航空公司的一位乘务员拉上舱门，波音737开始滑行。正在这时，一位持票人大汗淋漓地跑过来，很显然，她来得太晚了。但是在发现了这位焦急的乘客后，西南航空公司的飞行员果断地将飞机开回去，把她接了上来。“这违反了操作说明书上的规则，但是我们要祝贺这位飞行员干得漂亮。”西南航空公司负责顾客事务的执行副总经理这样说。

像这些例子，若单纯从金钱的角度来讲，听起来像是莫名其妙的生意经。你怎么可能靠提供免费的额外服务、赠送商品或者没让客户付账来达到赚钱的目的呢？研究表明，令客户满意到这种极端的程度虽然很浪费金钱，然而却经常伴随着良好的美誉度而收获经济效益。因为感觉满意的客户会不断地回顾，在对企业信任的基础上和企业建立长期客户关系，从而为企业带来更多的经济效益。所以，企业在竞争激烈的市场中，在一笔有助于建立可获利的长期客户关系的交易上赔钱是完全值得的。

维系客户是营销人员的一份主要工作，关系营销是维系客户的关键。为了使客户获得满意，营销人员应在产品方面下足功夫，以此来创造与客户之间结构性较为牢固的关系。

科特勒认为，维系企业与客户最好的方式就是关系营销。客户的组成无外乎两组人群：新客户和回头客，对于任何一家企业来说都一样。

传统的营销理论和营销实践强调营销人员创造销售业绩，并且招徕新客户。如今，人们的理解已经有所变化，业界人士发现，招徕新客户的成本在增加，企业如果不能成功地留住老客户，就有可能如同“沙漏”，尽管费尽心机地吸引了新客户，却不断地从沙漏底部流失掉老客户。

对任何一家企业来讲，只有发展越多的忠诚客户，企业的盈利才会越多。不过，企业要想维系与老客户之间的关系，就必须为此付出精力与投入金钱。

科技发展到今天，为企业与客户之间的“关系营销”提供了更省力、省时的便捷手段。许多企业利用网站、资料软件、电子邮件以及呼叫中心的形式来保持与客户的联系。此外，利用电话收集有关现存客户与潜在客户的资料，虽然传统，但不失为一种有效的方法。

杰出的企业是如何来维系客户关系的呢？日本著名跨国公司“松下电器”的创始人松下幸之助总结自己几十年的经营秘诀，是这样来说明的。

1. 生意好做不一定靠店内排列整齐来实现，有时客户经常上门的反而是那些看似杂乱的小店。不论店面如何，要让客户感到商品的丰富，可以随意挑选，才是最关键的。此外，针对不同的客户群体，还要走向专门化。

2. 将交易物件的客户看成是自己人。能否赢得客户的支持，对任何一家企业来讲，都决定着产品能否为更多的人群所接受。营销人员只有将心比心，才能得到客户的好感和支持。因此，诚恳地了解客户，掌握客户的所需、所想，是营销人员必须做的。

3. 售后服务远比售前承诺更能赢得人心。营销人员要想赢得永久的客户，就必须做好售后服务。能否将第一次前来购买的客户变成固定的永久客户，取决于生意的成败，而获得永久客户的唯一途径是完美的售后服务。

4. 把客户的责备看成是上帝的呵护，不论客户为什么责备，责备些什么，作为营销人员都应该欣然接受。倾听客户的意见，并将其付诸行动，是生意成功的妙方。

5. 当有客户前来退货或者换货时，营销人员的态度应当比卖出商品时还要和气。无论有什么情况发生，都不能对客户摆出不悦的面孔。营销人员应该微笑着面对客户，这是作为商人的一种基本态度。

6. 要努力得到客户的信任与夸赞。要让客户觉得，在这家店买东西就是享受，这里所卖的东西是最好的，服务也是最好的。商店如同人的面孔，只有具有亲和力，受人欢迎，才能吸引消费者一次又一次地光临。

7. 花一元钱的客户与花一百元钱的客户同等重要。我们往往会看到，有不少营销人员对那些小主顾表现得漫不经心，而忙于为那些大客户服务。事实上，如果你能用对待大客户的态度接待每一位前来买一元物品的小主顾，他就可能不断地给你带来生意，成为你的永久客户。

8. 营销人员不要总是盯着客户，也不要忙于向客户推销产品或者给出自己的建议。要让客户感到轻松、自在，能完全按照自己的想法和意愿购物，否则客户就不愿意接近你。

9. 营销人员在工作期间要时刻保持活力，让客户感受到轻松进出的快乐气氛。

10. 不要对客户纠缠不休，更不能强迫客户接受营销人员自己认为好的东西。

11. 对那些带着孩子来购物的客户，或者是被家长派来采购小物品的孩子，应给予特别的照顾。因为孩子是人们的“福神”，在孩子身上下功夫，是永远有效的一种经商手法。

在科特勒看来，企业与客户之间建立起来的关系营销，对于企业而言是一笔非常重要的无形资产。维护与客户、分销商以及供应商的关系，建立自己的营销网络，对企业的生存与发展十分关键。科特勒认为，关系营销有两大关键因素：第一，设置较高的转换壁垒。一旦企业与客户、分销商以及供应商的关系建立起来后，给予与自己形成固定关系的客户一些较优厚的条件，就是企业所要做的，这样一来，他们一旦想转换其他合作伙伴，就需要付出比较高的成本代价。第二，提高客户的满意度。关系营销是培养客户忠诚度的营销活动，企业了解并为每个客户服务的所有活动，均属于关系营销的范畴。

赢得顾客忠诚，降低营销成本

什么是企业的忠诚顾客？最直接的说法便是，“再掏钱”是忠诚客户的最直接表现。其实，忠诚顾客给企业带来的真正利益绝不止再掏钱这样简单。有关研究表明，在大部分情况下，企业经营过程中客户利润预期与忠诚客户停留的时间成正比。

按照科特勒的说法，企业争取到一个新客户与失去一个成熟的老客户，在经济效益上是截然不同的。以美国市场为研究标的，哈佛学者也发现：在汽车服务业，流失一位老客户所产生的利润空洞起码要填满三位新客户。同时，企业由于与老客户之间的熟悉、信任等原因，使服务一个新客户所花的成本和精力要比服务一个老客户所花的成本和精力大得多。

忠诚的客户是企业稳固、优质的客户群，他们会向企业购买更多的产品，不会受到比竞争者价格更高的影响。忠诚客户大量、重复地购买，有利于降低企业的营销成本。最重要的是，忠诚客户作为信徒会推荐企业和企业产品给自己的亲朋好友和同事。

客户忠诚于企业的一项产品或者服务，会更愿意接受该企业推出的新产品和新服务，并且提出自己的改善意见，使企业能够对新产品进行更好的开发。

忠诚客户的价值，一般都被企业习惯使用的会计利润掩盖了。会计中的销售收入告知企业的是量的概念，却缺失质的表达——无法告知企业收入中来自忠实客户的是哪一部分，更无法让企业知道，一个忠诚客户将给企业带来多少价值。

企业增加利润的一种重要途径是忠诚客户的重复购买。如果企业把视野放宽，从企业形象、品牌价值、内部管理、产品研发等多角度去看，就会发现，忠诚客户对企业价值的作用是全方位的，下面来具体介绍一下。

1. 比品牌更久的是忠诚

不仅仅是理性的偏好，客户高度满意带来的还有对企业情感上的依赖，所以这种关系比纯粹理性的交易关系会更加持久，这是由于这种情感上的依赖不光指向企业某个具体的产品，还指向了企业品牌和企业本身。

2. 提升企业形象和产品形象

对企业和产品的赞美可以由忠诚客户形成口碑效应，在某些比较复杂的产品行业和服务行业，别人的意见对购买决策者的影响特别大。因为正面的口碑会促使被建议者把该企业的产品或服务列入考虑的范围，正面的口碑如果拥有足够大的强度，与此同时又与消费者经验相契合，这样就会促成消费者购买企业所提供的产品或服务。

3. 降低交易成本，提高购买产品的量和等级

科特勒曾在自己的著作中谈及客户信任感：由于获得高度满意的客

户不仅会对某个产品，还会对某个品牌产生高度的信任感，这种信任感会向企业其他产品扩张，这种信任感在消费者要购买更高等级的产品时会降低消费者对风险的评估，使其做出选择，购买该品牌的更多产品或者高等级的产品。客户的消费量在大多数行业里，会随时间的推移而增加，比如在汽车行业，客户首次光顾时，可能只是为了换一次机油或者验证一下方向盘。客户如果喜欢这里提供的服务，那么下次可能还会过来购买较为贵重的一些汽车零部件及服务，比如发动机调节和做动平衡等，甚至购买一些附加产品或者服务，比如进行汽车装饰、光顾维修站附近的小超市等。在汽车服务行业中，据统计，按客户对企业的人均贡献分析营业收入，以及给企业带来的收益，一位5年的老客户给企业带来的收益往往是1年新客户的3倍还多；而要争取一个新客户的成本，经调查表明，竟然是一个老客户交易成本的5倍多。不管是哪一家企业，为了把新客户请进门，几乎都得先行投入资金，这部分成本大概有：针对新客户展开的广告宣传，向新客户推销所需的销售人员佣金和管理费用等；而与老客户交易就相对简单一些，也节省成本。除此之外，预约对维修站这样的服务企业而言，是调节需求与供给矛盾的重要手段，而忠诚客户与新客户根据习惯更喜欢使用预约服务。

4. 向企业提出产品或者服务的改善建议

在获得高度满意的客户所做的事中，最有价值的就是向企业提出产品或者服务的改善建议。研究表明，不满意的客户有96%不愿意投诉，这其中的原因就包括：投诉无门、认为更换供应商更省力、以前有过不悦的投诉经历。这样的话，企业将很少有了解自己缺陷的机会，也就没有机会改进和完善企业产品或者服务。因为与企业有情感上的联系，所以获得高度满意的客户免不了向企业提出产品或者服务的改善建议，总希望看到企业壮大起来。

5. 容易接受新产品并进行推广

接受新产品对于客户来讲是有风险的，这种风险在服务行业更高，将这种风险评估得低一些的，只有那些对品牌信任的老客户们，他们完全有理由把他们对老产品的信任转移到新产品，是因为这两种产品出自同一家他信任的企业。

6. 对员工忠诚客户的行为有激励作用

科特勒认为，对企业高度满意的忠诚客户，这种高度满意主要来自于企业员工提供的超过他们期望的服务。因为员工对客户有感情，所以会提供超值服务，往往这种发自内心的感情是最能打动客户的。其实，人的感情都是相互的，忠诚客户也会给予他所忠诚的企业及其员工像朋友一样的关心，以此来表达他们对企业及其员工所提供服务的高度满意。如此一来，企业员工就会感到自己所从事的工作意义重大，从而更加辛勤地投入到工作中去。

在关系营销中与顾客互惠互利

关系营销指的是企业与自己关键的生意对象（客户、分销商、供应商）建立长期而牢固的活动关系，顾客忠诚是关系营销的核心所在。

实施关系营销的企业常常聚焦于顾客，与顾客建立互利互惠的关系，使企业和顾客双方都受益。

科特勒认为，企业营销是一个和消费者、竞争者、供应商、分销商、政府机构以及社会组织互动的过程，企业营销的核心就是正确处理企业同这些个人与组织之间的关系，发展并建立这些个人与组织之间的良好关系将推进企业营销活动取得成功。下面就来具体介绍一下。

1. 企业关系营销的基本模式

(1) 顾客忠诚是关系营销的中心

在关系营销过程中，如何做才能获得顾客的忠诚呢？关系营销是由发现正当需求、满足需求并保证顾客满意、营造顾客忠诚这“三部曲”构成的。从发现并确认顾客需求开始，关系营销的目的就是实现顾客对企业忠诚，所以顾客忠诚是关系营销的核心。

（2）需求被发现

消费者需求是反映顾客对某一特定的产品或者劳务的购买意愿以及购买能力，关系营销就是要以顾客需求为中心，协调各种可能会影响顾客的因素，最终达成满足顾客需要的目标。所以说，发现并分析顾客需求是对关系营销进行系统思考的第一步。营销人员要通过同顾客的对话沟通，通过调查研究来发觉顾客需求。比如发放调查问卷，产品访谈人员开展访谈工作，顾客座谈会和联谊会，来自市场一线的顾客宝贵意见等。宝洁公司的产品在日化市场上大受顾客欢迎，“海飞丝”“飘柔”和“潘婷”相继成为日化市场上的领导品牌，凭借的就是及时而准确地对顾客需求有所发现，向顾客提供他们需要的日用品。

在顾客需求被发现之后，关系营销人员还必须进一步调查和分析顾客需求，比如，同样是轿车的准购买者，却对车辆有着不同的需求，享乐者追求名贵，实用者则追求实惠；因此，推销小轿车的工作人员就应该在完全理解顾客需求的基础上，有针对性并有重点地介绍产品给顾客，让顾客达到真正满意。获得满意的顾客会给企业带来有形的好处（比如重复购买该企业产品）与无形的好处（比如宣传企业形象）。

（3）顾客需求被满足

衡量顾客满意度的重要标准就是顾客需求是否被满足，而顾客满意度又是衡量关系营销工作的一个重要指标，关系营销不仅要注意满足顾客需求，而且强调让顾客获得满意。

（4）顾客忠诚的营造

据美国商业研究报告表明，多次光顾的顾客要比那些初次登门者为企业带来高达20％～85％的利润，固定顾客每增加5％，企业利润就会随之增长25％。所以，维持原有顾客，营造顾客对企业忠诚就成为关系营销的核心。营造顾客对企业忠诚的关键在于实施顾客管理并建立持续的对话，也就是我们要聚焦于企业和顾客相联系的界面上。

2. 关系营销双方的相互作用

让本企业的产业内部处于最佳状态是企业营销的最终目标，只有这样才能够抗击或者改变同行业竞争对手的威胁．除了同行业竞争对手的威胁，企业营销还要对抗几种作用力，如外部环境潜在进入者的威胁、替代品的威胁、供应商与顾客之间讨价还价的较量，这几种作用力与同行业竞争对手的威胁都将构成营销关系行为的力量与决策的权利。

和传统的营销观念相比，关系营销在不断把潜在顾客转化为实际顾客的同时，也更重视维持老顾客。关系营销将已有的顾客看作是企业的重要资源，与其建立互利互惠的关系，目的就是为了在企业和顾客结成的长期关系中得到益处。但是怎样做才能将新顾客转化为与企业长期合作的伙伴，这恰恰成为企业操作过程中的关键问题。

在关系营销过程中，双方之间必须具备一定的相互作用，双方的实力也许有强有弱，也许旗鼓相当。当某一方的作用力相对较强时，这一方通常会起到主导作用，进而对双方关系的深入发展产生影响；当双方的实力差不多时，可以通过协商或者谈判的方式促使双方达成交易。自20世纪80年代起，销售者和顾客关系中的决定性力量已然发生转移，传统的卖方市场已经慢慢向买方市场进行过渡，顾客开始在销售中起决定性的作用，企业也已经从面向市场转为面向顾客，而在激励、复杂的竞争中，企业和其各子系统之间的关系将会不断发生新的变化，企业不但要及时调整关系营销的目标与策略，还要用发展的眼光看待其对关系营销的管理。

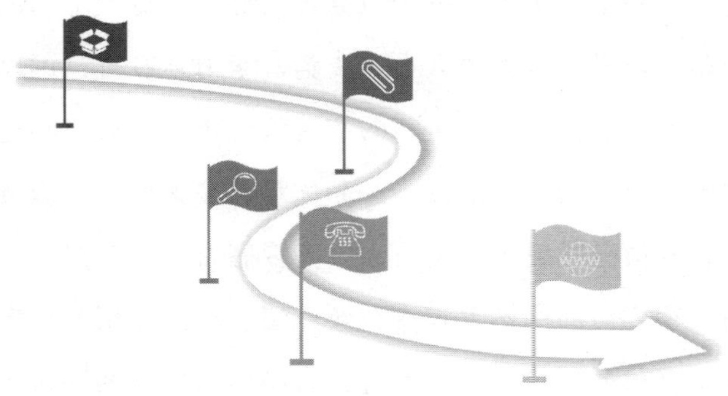

第八章　网络营销：迎接网络时代，主动寻求变革

在信息时代，网络营销作为一种全新的营销方式，不但对企业的运营与运作起着不可估量的作用，对消费者的思维方式、工作方式和生活方式也产生了巨大的影响。了解网络特性对企业传统营销方式的冲击，主动寻找出路，才能在这场“网络大战”中取胜。

网络营销是未来营销方式的主流

科学技术的快速发展，使世界经济步入了网络时代。通过互联网做生意，把产品和服务销往世界各个地方，已经成为一些跨国企业主要的营销方式。科特勒表示，网络营销是一种借助网络，以客户需求为中心的营销模式，其并不是单纯的电子商务，而是一个更大范畴的概念。

通用汽车公司投入巨大的人力和资金，全力建设自己的网站。它的汽车站点是技术、艺术和营销策略的有机组合体；它通过渗透性的表现手法，成功地把企业的市场定位、产品优势、品牌树立、服务承诺和企业竞争力等各种信息化解于各层页面，商业感召力非常强。

在通用汽车公司的网站上，有企业介绍、产品介绍与汽车导购。不仅有通用汽车公司的一般介绍，而且还有经销商给出的评价。客户通过

这一网站，能够获悉通用汽车公司的发展、起源、历史和产品的特点，可以了解通用汽车公司的产品和其他产品的性能、价格比较，能够知道通用汽车公司各种产品的报价以及在销售与服务过程中对社会与客户做出的承诺等。

通用汽车公司的网站不仅为客户提供了企业、产品或者服务信息，还向客户提供了购物时的决策信息或者服务。该网站提供快速定购、跟踪和估价功能，帮助客户确定、挑选与采购适合其需要的最为有效的购物方案。通用汽车公司还建立了一个跨行业的网络超市。在这个网络超市中，商家不仅可以下单、储运和追踪商品，还能查看商品名录及提供拍卖服务等。

通常，网上汽车导购是站点不变的主题。客户凭借位于页面上部的产品导航器，可以很方便地在各个栏目间浏览切换，快速找到通用汽车公司的各种服务与产品。通用汽车公司针对各类牌号的产品，都建有独立网站目录，客户不仅能够查询到遍布世界各地的汽车经销商、零售商与各种型号汽车制造分厂的目录，而且能够查阅到通用汽车的历史与新闻以及汽车求职等信息。客户能够通过输入车型与邮编找到该地区各主要经销商所提供的汽车报价，其中包括的信息有售价、保险金和预付款等，供客户选择最优购买计划。

此外，通用汽车公司的网站还给很多汽车爱好者们提供了一个互相切磋与探讨汽车话题的场所。这个网站已经成为众多汽车爱好者谈论与了解汽车的一个中心，类似一个小型网络俱乐部。这一网络俱乐部性质的中心形成，吸引了众多消费者的目光，吸引了众多网民到该公司的网站上进行探讨与交流。通用汽车公司通过网站这扇“窗户”了解公众的兴趣，了解市场消费趋势，引导市场消费与关注的重心，为开发新产品、制定强有力的营销策略提供有价值的资料。

现在，越来越多的线下产品也开始网络营销。对此，营销专家们指出，适合在互联网上销售的产品一般是：具有高科技感或者与计算机有关的商品；目标市场是网络用户的商品；市场需求具有较宽地理适应范围的商品；设店出售有难度的特殊商品；消费者按照网络信息就可以做出购买决策的商品。科特勒在研究中指出，网络营销可以带来以下好处。

1. 跨时空

因为互联网可以超越时间约束与空间限制交换信息，使得企业和顾客之间脱离时间和空间的限制达成交易成为可能，企业能够有更多的时间与更大的空间进行营销，可以每天 24 小时随时提供国际营销服务。

2. 多媒体

互联网被设计为能够传输多种媒体的信息，比如声音、文字和图像等信息，使为达成交易所进行的信息交换能够以不单一的形式存在与交换，能够充分发挥营销人员的能动性和创造性。

3. 方式新颖

在购买的同时，顾客可以对购买过程自行控制。互联网营销是一对一的、理性的、以顾客为主导的、不带强迫性的、循序渐进的营销过程。消费者可以在家里获悉产品的最新价格，选择种类各异的商品，做出购买商品的决定，自行决定商品的运输方式，自行下订单，从而最大化地满足消费者的需求。

4. 整合性

网络营销可以从商品信息到收款、提供售后服务一气呵成，属于一种全程的营销渠道。另外，企业可以通过互联网对不同的传播营销活动进行统一的设计规划与协调实施，以统一传播资讯的形式传达给消费者，避免不同的传播产生不协调的负面影响。

5. 效益性

企业在进行网络营销后，只需要把产品信息输入计算机系统并上网，就可以让顾客实现自我查询，不必再设专人寄送数据等，这样一来，大大节约了营销费用。

6. 速效性

网络营销的运用不仅加快了营销进程，而且电子版本的产品目录和说明书等可以随时更新。对于歌曲、书籍、软件、影视节目等知识性的产品而言，也不会涉及海关与运输问题，人们能够直接从网上下载，采取电子方式付款。

谨慎选择网络营销策略

网络营销是由企业在互联网上建立自己的主页，并在主页上开设“虚拟商店”，用来陈列、宣传本企业的商品，消费者可以通过网络进入商店，从浏览、挑选、下订单到支付货款均在网上完成，之后就可以等待商家送货上门。

科特勒指出，网络营销不局限于厂商为客户提供商品与服务信息，而是贯穿于厂商和厂商之间、厂商和消费者之间的商品买卖、信息咨询、商务洽谈、产品促销、市场调查、广告发布、技术协作、付款结算、售前售后服务等全方位的商业交易活动。它使得营销活动的范围扩大到全世界与虚拟的网络空间，使得营销活动的时间延长到一年 365 天、每天 24 小时。

现在，以消费者个体为中心是网络营销的重要思想之一，科特勒指出，这就要求企业在网络营销的策略选择上，要处理好与每位顾客的关系，注重发挥网络的独特优势，充分与客户或者最终消费者沟通和交流，为其提供个性化的产品和服务，最终实现消费者的最大满足与企业利润的最大化。具体做法如下。

1. 慎重选择网络服务商（简称为“ISP”）

若想加入互联网，必须先选定一个网络服务商，网络服务商能给用户提供许多可用信息。如今出现了大量的网络服务商，其业务范围特色各异，企业应认真选择，充分地考虑网络服务商的技术条件与其提供服务的种类与数量，从而全面地进行衡量。

2. 网址宣传

进行广泛而有效的网址宣传，不但能提高企业网站的访问量，还对增加企业网站的注册用户大有益处，可以使企业网站的知名度与潜在的客户量大幅度提高，所以网址宣传是开展网上营销并取得良好效益的重要前提。

网址宣传的方式多种多样，第一可以通过传统媒体诸如电视、广播、报纸和杂志等进行网址宣传，不可否认的是，以上传统媒体仍然是广大消费者接触最多的信息传播媒体，对企业网站的推广起着重要的作用。第二就是可以登录各大搜索引擎。现在，搜索引擎已成为大部分网民找寻所需信息的好“助手”，通过主要的搜索引擎将企业网站信息收集起来已经成为在互联网上进行企业网站推广的一种最重要的方法。第三还可以发展友情链接，主要有文本链接、图片链接和页面链接等形式。

以上介绍的是三种比较常用的网址宣传方式，当然，还可以凭借加入一些相关网站排行榜，展开形式各异的网络活动等，从而做好网站宣传工作。

3. 保护网上商标，积极注册域名

网络域名是企业网上的品牌商标，也是一种知识产权。域名一般是网络上的一个服务器或者一个网络系统的名称。现在，我国有些企业因为对互联网认识得不够，已经出现了域名被国外企业抢注的事情，从而给企业造成一定的损失。所以，企业应该加强网上商标的保护意识，积极注册域名，以避免造成意外的损失，可从以下两方面着手。

（1）树立网络形象与信誉

科特勒曾经指出，网络营销这种方式和传统的营销方式相同，企业需要树立被大众接受的网络形象，在网络市场上树立良好的企业品牌形象，对企业产品的分销和企业网站的知名度都起着关键的作用。网络形象的内容包括网络诉求与网络识别等。企业要通过网络调查和研究目标顾客、竞争对手、环境因素等，确立恰当的诉求目标、诉求对象与诉求手段。企业制作的网页不仅要清晰明了、引人入胜，而且风格要统一，能反映企业文化。与此同时，企业网站应该能够提供充足的、细腻的，最好是可以逐级的企业产品或者服务信息，网站上的产品信息应该尽可能全面、详细，从而更好地满足消费者的需求。另外，企业在进行网上交易的过程中应该始终保证良好的商业信誉，因为良好的网络信誉一般是质量与服务的标志，是消费者信赖企业虚拟商店的重要基础，也是顾客能够冒着远程风险而选择企业产品或者服务的主要前提。

（2）选择合适的网络商品

虽然网络营销具有双向互动交流、强调个性化营销以及提高购物效率、降低分销成本等长处，但并不是所有的商品都适合在网上进行销售，只有选择能吸引顾客产生高度兴趣、能主动查询的商品才是适合的，比如书籍、家具、房屋和服饰等。网络能够提供图文并茂的信息，能够诱发消费者的购买欲望。而对一些消费者主动性差、需要不断提醒才能购买的商品，比如一些简单的日用品或者办公用品等在网上出售就不太适合。

伴随着电子科技的飞速发展和计算机设备的日益普及，网络营销已经不可争辩地成为21世纪的营销趋势。对此，科特勒曾经说过，一家成功的企业必须选择合适的网络营销策略，做到与传统营销相互促进、长短互补，从而提高企业产品的竞争力与市场占有率，进而才能在日益激烈的竞争市场中屹立不倒。

利用顾客数据库，取得竞争优势

对企业来说，真正的财富来源不是产品，不是技术，也不是服务，而是顾客。产品、服务如果不和顾客挂钩，不和顾客发生关系，一切都是枉然。

通过顾客数据库，伯明百货发现以往的一些假设是不合理的。如今，伯明百货的皮具部门 Maximilian，使用带动潮流设计师的毛皮制品作为自己的特色。在公司顾客数据库的发展初期，摆设的大部分皮具是平价的。即使如此，对消费者来说，皮具购买还是一项大投资，所以伯明百货相信，喜爱流行设计师产品的顾客一定会成为皮具最好的潜在顾客。于是将一切促销火力都放在这个消费群上。当伯明百货的营销经理检查存储在顾客数据库中的销售资料之后，他们开始对这个结论的正确性产生怀疑。

为了找出皮具购买者在伯明百货最经常消费的其他部门，他们对交叉购物的报告进行了检查和分析，最后发现这些消费者出现在 Liz Calibme、优宝运动用品部门（Better Sportswear）、青少年服饰部以及男饰部。于是，后续的皮具促销活动便特别针对经常在这几个部门消费，却从来没有买过皮具的顾客而设计。后来，伯明百货的皮具销售额逐渐上涨，找到了更为广阔的皮具市场。

由此看来，顾客才是企业真正的上帝。科特勒也说过，若想抓住顾客，首先要有顾客信息，顾客信息就蕴藏在资源丰富的顾客数据库中。顾客数据库可以说是企业的一座“富金矿”。它能够帮助营销人员找出最佳顾客；开发新顾客，发展新市场；从现有顾客的身上发展更多的业务；精确锁定目标顾客群体，调整营销火力；传递产品交叉销售，以及出售与附属产品相一致的信息；改进广告和促销等营销沟通的做法；提供消费者个性化的服务等。

有人将数据比作一台望远镜，你通过这台望远镜能够看到庞大的市场星空到底有没有星星和月亮。妙的是，此种观察、研究极具隐蔽性，连你的竞争对手都不能效仿。

科特勒表示，收集顾客数据库信息，主要通过数字营销手段，比如，互联网、交互式语音应答、零售点售系统以及智能卡等。举个例子，可以在互联网上举行一次竞赛，要求参与者填写关于自己喜欢和不喜欢什么的详细调查表。将在线调查表中汇编出来的数据直接输入数据库，或者可以启动一个顾客忠诚度计划，最佳顾客在商店里买东西时可以使用一张智能卡。在每一次使用这张智能卡时，顾客相应的信息就会被输入到数据库中，用于企业跟踪他们在何时买了什么、具体花的钱额。还有一种私有在线网络，只对最大的顾客开放，同样也记录了他们的相关信息。

企业可以通过数据库对顾客信息进行分析，主动为顾客提供满足他们需要的服务；企业可以通过数据库营销来测试顾客对促销产生的反应，让营销活动变得更为有效。科特勒认为，企业通过顾客数据库可获得许多好处，具体如下。

1. 方便公司开发新顾客

当今社会，信息飞速发展，竞争越来越激烈。企业要想扩大产品的销售，就必须在保住现有顾客的基础上继续开发新顾客。数据库为新顾客的开发提供了方便。营销人员通过顾客数据库能立即将要开发的目标顾客群筛选出来，通过电子邮件的形式长时间地和他们保持联系，让顾客感觉到企业送去的关怀，进而加深顾客和新产品之间的关系。另外，企业通过数据库开发新顾客既方便、快捷、省时，费用又小。

2. 降低公司的销售成本

倘若公司的主要收入源于老顾客，而非新顾客，那么就应该将老顾客作为锁定目标，从而降低销售成本。比如，假设正在销售某种果冻色唇膏，那么就可以在《少女》杂志上刊登一则广告或者可以通过传真、电子邮件的形式发送一封简讯。在杂志上刊登广告的费用相比于电子邮件与传真所花的费用，要贵得多。此外，杂志的很多用户或者已经购买了唇膏，或者不用这种少女色彩的唇膏。所以，这种广告行为纯属一种浪费。如果使用顾客数据库，就可以向这些喜欢时尚的少女们发送促销小册子。比起在杂志上刊登一则广告，为这种目标促销花的每一分钱都是值得的。

3. 降低市场调研费用

市场调研的过程是互动性的。企业营销人员需要先不断地收集顾客资料，通过分析这些资料，得出当前市场的需求状况，再据此制定新产品的规格和服务等。每一次与顾客的接触都是向顾客数据库中增加内容的机会。当收集到越来越多的数据后，进行正式的定性与定量的调研工作就显得没有必要，这是因为营销人员已经清楚了顾客的需求。实际上，建立顾客数据库就是在进行具体的市场调研。

4. 使商品适销对路

使商品适销对路是建立顾客数据库的一个好处。因为顾客数据库内始终存有不同需求的顾客信息。营销人员可以按不同的顾客需求把他们一一归类，然后提供给他们适销对路的商品，这样就省去了中间种种烦琐的过程。如果你是一名自行车销售员，有制造商给你提供了300辆女式自行车，此时，你可以直接对已经建立好的顾客数据库进行查看，从中找出身高在1.60米以下的女性，倘若她们在两年时间里还没有买过自行车，那就可以发送电子邮件给她们，向她们推荐公司新到的新款女式自行车，可能次日你就会收到300份订货的电传回执。

5. 可以提供个性化服务

企业一旦拥有了顾客数据库，就可以很方便地为顾客提供个性化服务。比如，一个顾客到一家酒店时，他想让你在早上7时叫醒他，为他送来所需的物品，并为他安排一次晨练活动，如果他需要在房间配备一些办公日常用品，比如传真机等。倘若顾客数据库中有这些信息，那么，在客人没来以前，你就已经清楚对方所需要的特殊服务了。如果你缺少这个顾客数据库，顾客每次来时都要反复提醒你这些事。过一段时间以后，顾客们便会因此而厌倦，就会换到一家可以记住这些特别需要的酒店。这个例子展示了顾客数据库怎样帮助你为顾客提供个性化服务。

即便是一家很小的公司，只要拥有顾客数据库，就可以提供使顾客满意的优质化服务。就算你只有100位主顾与200位随机顾客，你还是可以跟踪很多人。比如，花店老板可以记录每位顾客生活中重要的节日。当顾客过生日，在结婚周年纪念日或者假期到来的前一周里，他们会收到建议购买鲜花的电话。此时，顾客对这一友善的提醒肯定会很感激。虽然你可以将这些重要的日子记在一张纸上，但顾客数据库可以使你更快地、更容易地跟踪众多的日子与名字。

用灵活的经营赢得网民的支持

网络营销仅需建立一个虚拟商店或者虚拟商场，摆放多少商品并无限制，并且经营方式也是灵活多样的，但是，网上促销基本上是被动的。科特勒认为，怎样吸引消费者上网，如何为消费者提供具有价值诱因的商品信息，是企业的一大挑战。

众所周知，亚马逊书店是世界上销量最大的书店。这家书店可以提供310万册图书目录，比全世界任何一家书店的存书都要多15倍。而实现这所有的一切无须庞大的建筑，也无须大量的工作人员，亚马逊书店的1 600名职工人均销售额达37.5万美元，比全世界最大的拥有2.7万名工作人员的Barnes & Noble图书公司还要高3倍多。

亚马逊书店之所以能够取得成功，其秘诀就在于其充分运用互联网，利用网络营销开辟新的市场。在促销方面，亚马逊书店充分考虑到网络特性，使促销行之有效。

在亚马逊书店的广告书页上，不仅有当天最好的书，有近期畅销书的介绍，而且还有读书俱乐部推荐的书，以及著名作者在近期出版的图书等。网站上还专门设有一个Gift页面，为大人与小孩都准备了不同种类的礼物，通过向不同年龄段的顾客提供赠券或者漂亮小礼品的方法来吸引顾客反复购买本店商品。此外，亚马逊书店还会提供优惠给那些来反复购买商品的顾客。

亚马逊书店通过提供电子邮件、调查表等形式获取顾客对自己商务网点的反馈，这不仅有利于解决顾客意见，而且能从电子邮件中获得大量的重要信息，以此来作为指导公司日后经营策略的依据。该书店还经常请用户在网上填写调查表，免费用一些软件，用礼品或者某项服务鼓励顾客发来反馈的邮件。

此外，亚马逊书店的网站还提供了一个类似于 BBS 的读者论坛，在这个读者论坛上，大家可以开展热门话题讨论。其实，该书店旨在用一些热门话题引起社会公众的兴趣，引导与刺激消费市场。与此同时，开办网上俱乐部，凭借网上俱乐部稳定现有的客户群，吸引新顾客群的目光，通过对公众话题与兴趣的分析把握市场需求动向，从而出售顾客兴趣浓厚的音像产品或书籍。

网络对传统促销方式的改变，主要是它的及时互动功能将营销的灵活性展现得淋漓尽致，消除了广告的障碍。科特勒认为，网络营销与传统促销的差别主要体现在两方面：一方面，相对于传统媒体而言，因为网络空间具有无限扩展性，所以在网上做广告可以较少地受限于空间篇幅，尽可能地一一罗列必要的信息；另一方面，快速提高的广告效率也为上网企业创造了便利条件。比如，有的企业可以根据其注册用户的购买行为快速地改变向访问者发送的广告；有的企业可以根据访问者的特性比如硬件平台、域名或者访问时搜索主题等方面有选择地显示自己的广告。

除了广告外，互联网的常用促销方法有以下几种：第一，利用网上聊天的功能，举办消费者联谊活动或者网络记者招待会，因为这种方式能够实现跨时空的沟通目标，同时也是一种低成本的营销活动；第二，凭借诱因工具比如进行网上竞赛游戏，提供折扣和赠品券、样品赠送，发放彩券与进行抽奖等，来增强消费者上网搜寻和购买产品的意愿；第三，设立英文版的首页，也是企业产品国际化必不可缺的一种营销方式。

用好网络工具，增添网络营销新创意

互联网属于开放的互动工具，网络营销便充分利用了这一工具，专门为消费者提供富有个性化的创意服务。消费者可以根据自己的个性特点与实际需求在全球范围内寻找满意的商品与服务，不受时空的限制。科特勒认为，这就要求网络营销要以满足消费者的个性化需求为重点，任何一个营销决策都要以消费者为导向，用更好、更多的创意吸引个性化消费者前来购买。

曾有一家非常小的城镇银行，主要以当地的客户为主，业务开展比较难，甚至一度陷入倒闭的境地。他们根本想不到，之后发生的事情竟然这样戏剧化。为了挽救银行的业务，他们特意聘请了一家专业公司——米塞公司，该公司专门为金融业公司提供网络服务。

约翰·本斯是米塞公司的创办人，曾经是IT业的一位先驱。1976年，他成立了自己的软件公司，并宣称自己是最先购买微软Basic源码的用户。

米塞公司不仅精通互联网上的最新科技，而且了解用户本身的行业特点。这使其具有较高的专业化水平。米塞公司还深知，网络的特点要求企业在进行网络营销的时候，必须采取与之相适宜的策略。犹如在传统的银行宣传上，只要求介绍新的产品与信息，而不要求更多的东西。不过，若想真正通过互联网取得成功，进行一些具有提高客户点击率的设计，其效果常常出人意料。

所以，在接受委托之后，米塞公司很快就想到应针对特定的用户，做出一些非同寻常的事情。除了在通常枯燥的企业形象的银行网站之外，该公司还加入了一个城镇部分的资料介绍，列出了当地的活动，在设计的时候，把它们和银行形象很好地融合在一起，用以传递一种小镇味道，使其具有家乡城镇的风格。这个网站现已成为这家小银行生存的主要工具。事实证明了这是一次成功的网络企划设计。此外，米塞公司也为吸引外地客户，特别是那些通过网络理财的客户创造了良好的机遇。

应该说，在基于充分地了解特定用户的基础上，米塞公司在金融网站上增添了乡镇情调，给顾客提供更为个性化的创意服务。科特勒对此指出，个性化的网络营销策划要极其注重创意的有效性和新奇性，但所有的这些创意都必须和网络特色相符合。网络特色应着重于下面几点。

1. 虚拟化

若想将以往的商业改造为虚拟网络商业，必然会经过一番大的整顿和调整才有取得成功的可能。同时，虚拟网络商业还要学会收集与控制资讯以及在虚拟网络化下现代企业管理的组织技巧与技术。受到网络顾客欢迎的不仅仅是虚拟的商品，更关键的是这种制造虚拟产品与服务的能力，因为这将成为与企业成败和存亡直接挂钩的重要问题。

2. 高附加值

如今，发展成功的技术，能够进一步允许企业对消费者使用互动式企业信息的情形进行了解，对顾客究竟花了多少时间看信息进行了解，或者了解顾客在信息上观看行为的情形是怎样的。网络的互动性可以使企业更易掌握顾客的反应，并根据顾客需求为顾客提供更为多样化的产品，这样做当然会给企业的销售带来很大的促进作用。很多在互联网络上的企业信息均包括问卷，顾客可以回答以后直接从网上传回，让企业可以立即了解顾客对企业商品的看法。此外，利用网络上的一些企业信息，也可以收集到顾客的人口变数、心理变数或者消费变数等资料。企业不仅可以及时地为消费者提供满足其喜好的商品，也可以减少未来还需另做的营销研究，以及用来调查顾客对商品或者信息产生的反应。按照顾客的反应进行及时的动态策略调整，在这一基础上提供高附加值的产品与服务是十分关键的。

3. 个性化

电子报纸就如同一个资料库，可以让读者在极短的时间内获取所需的内容。美国数家电子报纸推出的个性化报纸，比如华尔街日报的个人版 Personal Journal，就预先设定了个人爱好的新闻项目、题材、企业、基金种类，每天早上一打开计算机，就可以阅读一份个人化报纸。此项服务所需的资金投入较少，但是对消费者的心理满足却很有成效。个性化报纸把传统“一点对多点”的大众传播方式演变为“一点对一点”的个人传播方式。

4. 关联化

网上有层出不穷的机会，从超媒体到新闻讨论群，全是企业能够加以利用的有力工具。新的消费者和商家的互动关系将会出现，网上用户对能够提供关联化资讯的企业网站必然会给予高度的关注。

发挥网络的独特优势，确保利益最大化

网络营销的特点是计算机显示屏取代了纸张，企业和顾客之间的交流变成了一对一互动式的、双向的过程。虽然网络营销给企业和顾客都带来的方便，但科特勒还是提醒我们，若只将广告放在网页上，并不意味企业已经利用了网络优势。若想打造成功的网络营销，就必须充分发挥网络工具所具有的技术优势，真正服务于营销计划。

企业可以按照消费者反馈的信息与要求利用自动服务系统为消费者专门提供定制的产品与服务。科特勒认为，在进行网络营销时，应该充分考虑网络特点，确保营销取得成功。具体做法如下。

1. 一次建立一个联系

取得成功的网络营销商通常会有这样的深切感受：一次只能和一位顾客建立联系。网络营销商必须亲自参与虚拟社区的活动，为了联系顾客，必须舍得花费时间。唯有经过这个亲自参与的过程，才能充分理解网络上的运作规则，才能找准方位，出售产品给目标顾客。网上通常会通过运用个性化的 E-mail、网页的欢迎信、消费者的兴趣追踪等与顾客建立一种良好的关系。

2. 注重顾客的长期价值

企业在经营思路方面应做的一个重大改变是要注重顾客的长期价值。营销人员可以通过互联网的形式创建个性化的销售信息，记住每一位顾客的喜好、购买模式以及针对每一位顾客最好的说服技巧等，据此来实施个性化的营销活动。

3. 进行互动式营销

网络互动性是网络营销区别于传统营销最显著的一个特点。卖方可以随时随地与买方进行互动式的交流，而买方也能以一种新的方式与卖方互动交流。这种交流的主要特点是双向的，而不是单向的。

因为互动式营销需要消费者主动寻找信息，所以，企业必须在消费者选购或者搜寻信息之前，就要建立起企业品牌形象，只有这样，才有机会传递给消费者信息。具体来说，要求企业在消费者提出信息需求时即时反馈。在线消费者已习惯了计算机速度，当某一项操作时间超过两秒钟，他们就会满腹牢骚。当消费者提出的问题在几分钟内没能得到回复，消费者就会焦躁不安。在消费者阅读完企业的在线信息后，必须得有可以让他们反馈信息的方式，以便企业与其尽快取得联系。

4. 开展软营销

有些网民通过互联网光顾电子公告板、新闻组及邮件清单等地方，主要是为了寻找或者交换相关信息，但是并不想引起商务上的注意。要知道，在线消费者是信息寻求者，企业必须用事实与逻辑才能说服他们。在线消费者从企业资料库或者讨论组上寻找相关信息，传统的广告形象并不能深入他们的内心。他们的决策建立在理性分析的基础上，他们漫游在网络世界以寻求更多的信息。为了方便网民搜索到自己，现在的企业需要采用更多的软营销推广方式，比如混淆广告、公关、促销、产品目录与销售的界限，提供大量的相关信息以替代说服。

选择网络分销渠道，降低运营成本

网络营销相对传统营销模式的最大优势是，减少了商品流通的中间环节。科特勒认为，选择一个适于产品属性的网络分销渠道，可以大大降低企业的运营成本，获取利润的最大化。

所谓“网络分销渠道”，是指应用互联网提供可利用的产品与服务，以便使用计算机技术手段的目标市场或者其他使用技术手段的目标市场通过电子手段进行与完成交易活动。

网络营销是一种直销方式，能够减少商品流通的中间环节，比如批发商、零售商等。科特勒认为，虽然传统营销方式里也有直销方式，上门推销商品，但是具有较大的盲目性和较低的成功率。而厂方自己开设专卖店，虽然可以克服上述的盲目性，但是需要租用店面增加支出，营销成本的降低幅度是有限的。

科特勒在自己的营销学著作中提出，企业在选择网络分销渠道时，应注重产品特色。对于那些容易数字化的产品，比如大部分的无形产品与服务，可以脱离凭借传统配送渠道而直接通过网络实现远程传输，而对于大部分的有形产品，还必须凭借传统配送渠道来实现货物的空间移动；对于那些产品形态较为依赖传统分销渠道的，可以运用电子网络技术实施改造，减少渠道运作过程中人为的失误与因时间耽搁而导致的损失，将分销渠道的运营效率提高到最大限度。

科特勒提醒，在具体建设网络分销渠道时，需要注意以下几点。

第一，设置分销渠道应以方便个体消费者为原则。唯有采用消费者比较放心、易于接受的方式才有可能吸引消费者来网上购物，告别网上购物“虚无缥缈”的感觉。比如，现在大多数国内企业都采取货到付款的方式，这种方式比“先付款后发货”的方式更容易让消费者接受。

第二，分销渠道的订货系统应简单明了。分销渠道中的订货系统，让消费者填写的信息应该尽量少，而应采用目前流行的“购物车”方式模拟超市的实际情形，使消费者边看边选，边进行订购。在购物结束后，消费者一次性地进行结算。此外，订货系统还应提供商品搜索与分类查找功能，以便消费者在最短的时间内找到所需商品，而且还能了解有关产品的性能、外形及品牌等方面的重要信息。

第三，结算方式应该安全便利、丰富多样。对于结算方式的选择，不仅要考虑当前的发展趋势，为消费者提供尽量多的选择方式，而且要考虑网上结算的安全性，对于那些不安全的直接结算方式，应换成间接的安全方式，比如，8848 网站公开自己的信用卡卡号与账号，消费者可以通过信用卡终端自行转账，以防在互联网上输入账号造成密码被盗。

第四，建立完善的配送系统。网上购物不论是对于厂家还是消费者，都具有一定的风险性，因此，消费者只有亲眼看见网上购买的商品被送到的时候，才会真正放心，所以说，企业进行网上营销应该建立高效、完善的配送服务系统，来确保产品能够及时、准确地送到消费者的手中，进而提高企业网上营销的可信度。在现阶段，我国很多企业的配送体系还不够完善、不够成熟，在进行网上销售的时候，企业需要考虑这种产品是否与目前的配送体系相适应，正因为这样，现在网上销售的商品大部分都是价格低、不容易损坏的产品，比如图书、小件电子类产品等。

与传统的分销模式相比，网络分销主要具有以下几大优势。

第一，降低交易成本。交易成本是某经济行为主体在市场交易活动进行过程中，为了实现交易而支付的费用，其中，不仅包括为监督、贯彻一项合同而产生的成本，还包括交易前为达成这项合同而产生的成本。企业的出现使得市场交易行为内部化，从而节省了交易费用，降低了交易成本。但现在网络分销的发展则为企业提供了最低的成本渠道。

首先，网络为参与交易的企业提供众多信息，包括竞争者的信息，市场需求信息及相关产品信息等。如此一来，企业信息的收集工作就变得简单多了，大大降低了信息收集成本。其次，供应链管理一体化在网络的支持下得以实现，导致“虚拟企业”出现。“虚拟企业”指的是通过一定的市场组织行为，将供应链上的各个独立经营主体组合成一个具有时间性的经营联合体，它们之间利用扁平化横向联合的“虚拟组织”实现配合默契、分工明确，其效率与一家真实的企业相同，在其成员之间按照市场优胜劣汰的原则不断地进行调整与优化，组成一个动态的企业战略联盟，与传统的企业相比，灵活性更大，竞争力更强。通过以上两点就可以看出，交易成本有所减少。

第二，降低流通成本。在《资本论》中，马克思把流通成本分为三个部分，即纯粹流通费用、保管费用以及运输费用，其中，纯粹流通费用主要是指和商品买卖有关的费用，主要是由资金流和商流形成的成本，而保管费用与运输费用则是在物流方面发生的成本。

网络分销加快了流通速度，缩短了流通时间，缩减了交易双方的空间距离。科特勒认为，在网络分销中，互联网把全球各个地方的制造商和客户或者消费者联系起来，大大缩减了交易双方的空间距离，交易双方在网络上能够完成收集信息、签订合同及支付等整个交易过程，商品实体则从距离客户最近的物流公司以最快捷的方式直接送到客户的手中，而很多服务也可以由商家通过网络直接提供给消费者。网络分销使交易过程中所需的信息流、商流和资金流在网上一次性完成，大大缩短了流通时间，从根本上节省了流通中垫付的资金，使资金的周转速度大大加快。

第三，降低沟通成本。网络分销以它快速、高效、低成本的沟通优势弥补了传统分销沟通能力差的弱势，大大降低了沟通成本。同时它也大大减少了传统分销渠道在沟通上所花费的时间、精力和财力，使其核心业务大大提升，进而提高了整个渠道的运行效率，降低了运营成本。

第四，提高分销效率。通过网络分销，科特勒表示企业可以更有效地对客户关系进行管理，对大规模的顾客进行加工处理，这样能帮企业实现对顾客的集成化管理，提高企业分销渠道的运作效率。通过网络，企业可以实现与客户之间更好的交流，及时接受并处理消费者的反馈，不仅提高了企业的网络交易速度，还可以增强消费者对企业的信任度。

规范网络营销，获得长远发展

近年来，网络营销发展得如火如荼，但在实际的发展过程中，却也暴露出很多弊病。例如，网络市场中的商家来自世界不同的国家和地区，因此缺乏统一管理，从而导致网络空间的混乱，客户面对众多的选择甚至是陷阱便会无从选择。而且，关于知识产权的保护、个人隐私的维护以及隐性广告的规范等都尚未完善，科特勒认为，在进行网络营销时，企业应当在意其合法性，从而确保网络营销实施成功。

搜狐数码公社频道，在2008年“五一”期间，头号新闻一直被一则名为“7天7夜不吃不喝网络追踪红本女事件”的论坛帖子侵占，论坛的一位网友连续发了N张超高清晰的、写真级别的“美女＋红本”照片，由于被偷拍的女主角是一位漂亮MM，开Minicooper跑车，手拎Gucci包包，从一而终地手持联想最新Idea Pad红色笔记本，因此被人们称为“红本女”。

这则引发百万网民关注的、发在搜狐论坛摄影专区的帖子，截至2008年5月13日，本帖的浏览量论坛数据显示已高达百万。如果用“红本女”作为关键词，利用百度和谷歌这两大搜索引擎，在百度可找到相关网页大概有25 000个，在谷歌则显示大概有452 000项符合查询结果。

充分利用搜狐数码社区的用户基础和用户黏度，“红本女”事件快速曝光了“红本女”的生活写真、性感身材、优雅身姿，利用人们共有的爱美心态，吸引网民眼球，成功博取了广大网民的关注。

但是这个拙劣的广告营销，却恰恰因其“天衣无缝”，被大多数网民一眼戳穿。

精美的照片完美得只能算得上摆拍，而不可能是偷拍的拍照角度和拍照时机，明显是PS过的。将整个专题版面“搜狐社区”包装得过于完美，使得大多数网友看上去第一眼就感觉到了其商业性，因为联想将红色笔记本放在了照片中过于突出的位置。

此番费尽心机却饱受诟病的网络营销，可见商家并不如预想中的成功。网上越来越多的拙劣策划，近年来甚至引起了许多消费者的抵制与谩骂，对企业、对参与策划的企业品牌形象，均产生了负面的影响。

网络营销与电子商务的发展历史很短，各种做法还在探索中，需要不断地总结经验，逐步地完善和规范。目前，需要解决的问题主要有以下几方面。

1. 网络广告管理——网络上的隐性广告

隐性广告是以非广告形式出现的广告。广告应当具有可识别性，能够使消费者辨明其为广告，这是《广告法》中第13条的规定。隐性广告在传统媒体上出现比较容易被人识别，而互联网上的则不容易被人识别，主要有以下几种形式。

（1）以网络新闻的形式发布的广告

学术界尽管存有争论，网络新闻的存在依然是一个不争的事实，并且越来越显示出其强大的传播力度。炒新闻除了ISP、ICP以外，还有多种新闻组等专业性的网站，且知名度较高，由于操作者的专业化程度高，拥有特定的阅览群体，这类网站与一些企业有着特殊的关系，企业网络新闻中夹杂的内容往往具有广告性质，新闻与广告的界限由于网络的特殊性被模糊了。

（2）在BBS上发布的广告

在BBS上发布的广告，企业主要是以讨论问题的形式出现的。在其主页上开辟讨论区，在商业网站上评价企业产品与服务质量、性能、功能之类的问题，往往可以发现企业以网民的名义提出论题，讨论一番，在其中兜售自己的产品或者观念，即企业存在使“托”的迹象，

“红本女”事件就是“典范”。

2. 隐私权保护和知识产权保护

（1）个人隐私保护问题

如何保护个人隐私？在网络营销活动中，这也是大家关注的。国内外多次调查显示，对于大多数消费者而言，每个人都不希望别人获悉自己的隐私。科特勒认为，一方面要提供技术保护手段，另一方面需要制订相应的法规，防止在营销活动中商家擅用或者滥用客户的相关资料。

（2）知识产权保护问题

在网上开展营销活动的必要条件，也包括知识产权保护，特别是商用信息服务。保护知识产权除了要制订切实可行的法律规章外，十分有效的途径还有使用技术手段，比如由 Digimarc 公司开发的一种技术，可以把电子签名或者系列编号直接嵌入录像、录音、相片和其他介质的知识产权产品中，从而实现对知识产权的保护。

3. 跨国网络营销管理

网上买卖双方进行商品交换、资金转移等，由于因特网无国界，不论是技术原因或者人为因素，跨国争议甚至法律诉讼都有可能发生。为此，有关部门必须予以明确网络营销和电子商务的法律效力及司法管辖权问题。目前，关于国际电子交易纠纷的管辖权与适用法律等方面的问题，还有待于总结，通过分析实际案例，不断完善及规定相关的法律条文。

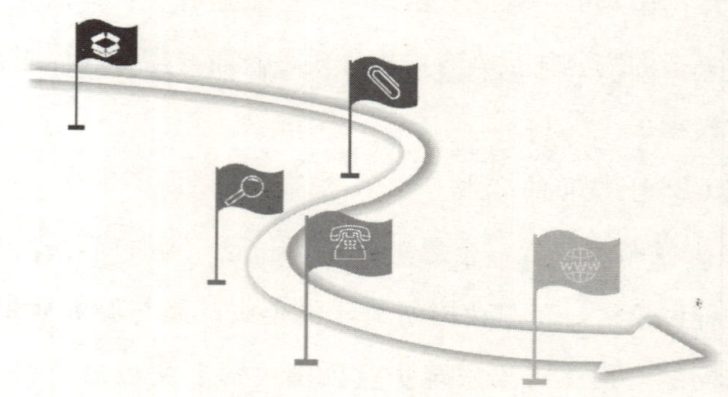

第九章 国际化：瞄准全世界，拥抱地球村

随着广播、电视、互联网和其他电子媒介的出现，整个地球紧缩成一个村落，“地球村”的出现，使世界变成了一个统一的大市场。要想在这个大市场中取胜，企业必须集中组织资源，寻找国际化的营销模式，否则，必定被互联网时代所淘汰。

立足全世界，实现营销的国际化

20世纪90年代，就有学者提出了国际营销观念，它是把一组国家市场视为一个单位，将具有相似需求的潜在消费群体划入一个全球细分市场，只要成本不高，文化上可行，便可制订谋求标准化的营销计划。自从加入WTO之后，中国经济正在全面地融入全球经济，因此，迫切需要加快国际营销学在中国的研究、发展以及传播。

科特勒认为，国际营销和国内营销一样，都需要企业文化整合，市场调研、市场分析、市场细分、市场营销组合与实行目标营销等一系列营销过程的战略确定以及战术实施。国际营销不仅要适应国内环境，还要适应国际环境，国际市场营销比之国内市场营销具有更大、更多的差异性、复杂性与风险性。

1994年，作为当今世界消费性包装食品与饮料行业最成功的企业之一，雀巢食品公司在亚洲地区的销售额高达44.1亿美元，成为该行业亚洲地区名副其实的行销霸主。为了能维持并继续扩大自己的领先优势，雀巢公司主要是从以下三个方面着手的。

第一，在许多国家都有长期的战略展望。雀巢食品公司花大力气分析每一个可能的市场机会并据此研发最好的食品，然后努力使它成为一项成功的长期投资项目。为了打入中国市场，该公司进行了长期的谈判，在长达13年的对话之后，才被批准进入中国的黑龙江省。

雀巢食品公司在日本市场上更是投入了巨资，它聘用了2 300人，经营了4家工厂，还有20家合作生产厂商，其中包括根据一定标准给雀巢生产食品的合同制生产厂家。其实，这一切都表明，雀巢食品公司想长久立足于这些国家的市场上。

第二，通过对产品进行延伸防止竞争对手抢占市场。为了满足消费者不同的偏好，雀巢食品公司生产了不同规格、不同形式和不同品牌的商品。这样可以让雀巢品牌在货架上所占的空间更大，从而防止竞争对手入侵那些没有被占领的市场。比如在泰国，雀巢食品公司改进了熊牌浓缩牛奶，开发出了新的加蜜熊牌浓缩奶。因为在热带国家，蜂蜜这种食品不常见，这种产品延伸策略取得了很大的成效，年销售增长15%，一来扩展了自身产品的消费市场，二来有力地遏制了其他竞争对手。

第三，给竞争对手持续地施加压力或者采取报复策略。因为雀巢食品公司比其他公司更早地进入亚洲多数地区，所以在竞争上更占优势。自19世纪80年代以来，雀巢食品公司便开始在日本市场上出售产品，并于1913年在日本设立了首家分支机构，又于1933年在日本成立了首家加工厂。

雀巢食品公司旨在能够实现规模经济并将它在整个亚洲的生产流水化，因为这样一来，它就可以应付进入这个地区的大零售业者的侵扰。但在有些时候，雀巢食品公司也会面临一些大的竞争对手发出的大挑战。正如泰国雀巢的一位经理所说："在泰国，充满了美国式的竞争。"

如今，全球企业的经营是把整个世界看成单一的市场，让产品的设计、功能或者款式都几乎一致，并基于这些产品的价格、质量与交货等方面的最佳组合展开竞争。但是，在具体进行国际营销时，会遇到很多国内营销没有碰到过或者较少碰到的问题与风险。比如，不同的语言、不同的风俗习惯；不同的计量单位；不同的贸易方式、不同的支付方式；不同的法律、汇率变化、利率变化、政治风险等。科特勒说，如果简单地归结一下，可从目标顾客、营销环境与营销管理问题三个方面进行论述。

首先，目标顾客的变化。国际营销将同时面临国内、国际市场，而各国消费者的消费行为、特性、爱好和需求状态是不一样的。这就意味着企业营销人员能够获得更多的营销机会，但一致的产品并不一定能同时满足消费者的不同需求。

其次，营销环境的不同。尽管营销环境因素都是政治、经济、文化、技术、社会及法律等因素，但从构成这些因素的子因素来看，差别却很大。比如法律环境，国际营销不但需要对本国有关对外销售和出口管制等方面的法律进行了解，还需要对外国的法律与国际法进行了解，并且要充分地利用各国法律之间的不同，在全球最大限度地赚取企业利润。

最后，营销管理问题的复杂化。由于目标和环境的变化纷繁，所以国际营销中有可能产生的营销管理问题将会多且复杂。对于企业营销人员来说，就需要更多、更新的国际营销知识和技能，比如，语言、货币、信息和风险问题等，只有这样，才能制订出优良的国际营销策略，从而实现企业目标。

结合实际，实施"全球本土化"战略

通常情况下，跨国集团的海外子公司在东道国从事产品生产与经营活动的时候，为了尽快地与东道国的经济、文化和政治环境相适应，便将企业的母国色彩淡化，在人员、资金、产品零部件的来源以及技术开发等方面均采取合适的当地化策略，使其成为地地道道的当地企业。这也是人们经常说的“本土化”营销战略。

科特勒认为，“本土化”战略是指对核心因素标准化，而对其他因素地方化。本土化营销战略也叫“当地响应能力”，其实是当事双方找到的一种战略协调模式。从本质上来讲，“本土化”就是跨国公司将生产、营销、管理以及人事等经营各方面全方位地融入东道国经济中的一个过程，也是承担东道国公民责任，将企业文化融入并植根于当地文化模式的一个过程。

美国可口可乐公司的本地化策略核心是“2L、3O”，也就是长期、本地化、乐观、机会和公民责任。基于这些理念，可口可乐公司的本土化策略取得了很大的成功。但该公司并未死守这些原则，而是在全球首次提出了“Think local，Act local”的本土化思想，主要内容是因应本土的需求做出正确的决定。

身为可口可乐公司的前任总裁，伍德鲁夫是一个创新型人物，在策略上往往会出一些新策略以赢得市场。他创造了“利用当地的人力、物力和财力开拓可口可乐国际市场”的品牌国际化策略：首先，由当地人筹集资金，总公司原则上不出资金。其次，在当地设立公司，公司的一切员工必须是当地人；再次，销售方针、生产技术和人员培训统一由总公司办理；再次，除了可口可乐公司生产的“秘密配方”的浓缩原汁以外，所有设备、材料、制瓶机与瓶子、运输、销售等，均由当地人自制自办，总公司只为他们提供技术方面的服务。

不过，可口可乐公司董事会里的不少人对质量保证提出了疑问，以为一旦和正宗的可口可乐有别，岂不是自毁几十年来树起的“名牌”吗？伍德鲁夫这样解释道：“技术与质量控制完全由我们教给当地人，只要他们掌握了，便不会有问题。关键是，我们必须这样办。像饮料这种消费品，如果不利用当地人的力量，就很难在海外长久地立足。唯有凭借‘当地主义’，让当地人掌握生产技术和销售技术，才能永远立于不败之地。”

在可口可乐公司看来，自己最大的盈利市场在中国，但是最大的挑战也在中国。为了赢得中国人的青睐，该公司做出了史无前例的让步。1993 年，该公司和中国建立了互惠互利的合作关系，进而全面打入了中国市场。中国希望可口可乐公司能提供关键领域的专业知识，从卫生保证、包装到怎么建立分销渠道等多个方面的内容。后来，作为交换条件，中国同意可口可乐公司与它的合作伙伴投资 3 亿美元，在中国设立 10 家新的灌装厂。到了 1997 年底，可口可乐公司在中国已设立了 23 家灌装厂。因为可口可乐公司在中国井然有序的巨额投资，所以成为 2000 年中国销售额在 10 亿美元以上的少数几家生产消费品的企业之一。

曾有一位美国经济专家指出，跨国集团海外业务的成功与失败不仅取决于是否认识与理解不同文化之间存在的主要区别，而且还取决于负责国际业务的高层管理者们是否愿意摆脱美国文化态势造成的影响。科特勒认为，任何一种成功的营销经验均是地域性的，营销越是国际化，就越是本土化。由于美国可口可乐公司的独特之处在于最早采取了“本土化”的策略进行生产与销售，所以有效提升了自己的品牌价值，获得了极佳的销售成绩。

在本土化过程中，科特勒表示需要做好以下几个方面。

第一，尊重并注重对本土人文环境的研究，即企业在进行营销活动、制度建设时，对企业每一位成员的状况都要考虑到。

第二，注重对本土消费者、各市场所在地域的研究。由于地域广阔，市场具有较为突出的区域化特征，所以本土化还要注意营销的地域化，注重人文环境与消费者需求存在差异的地域研究。

第三，企业要加强本土化培训，以本土企业为例，针对本土企业员工的实际情况进行相关培训。

第四，本土化在管理方面意味着渗透与融入，对于当代企业管理的本土化研究是管理领域的一个关键点。

转变思维构筑的空间，设计国际化品牌发展战略

很多企业尤其是亚洲的部分企业，更多地是在执行该地区进出口业务过程当中扮演着分销角色。对很多亚洲企业来说，建立品牌并不是当务之急，设计国际化品牌发展战略才是重中之重。就像科特勒所说的那样，在西方品牌发展战略已经形成的较为完善和成熟的现在，包括中国在内的许多亚洲企业品牌发展却才刚刚起步。在这方面，联想集团堪称“中国品牌发展的榜样”。

联想集团于 2004 年 4 月 1 日将自己的英文名称由“Legend”改为现如今的“Lenovo”“Lenovo”是一个混成词，其中“Le”来自于“Legend（传奇）”“－novo”是一个假拉丁语词，从“新的（nova）”演变而来。联想集团总裁杨元庆曾说道：联想之所以换名称，是为联想国际化做打算。

也就是在这一年，联想集团用 17.5 亿美元的价格收购了 IBM 公司的 PC 事业部，并得到在 5 年内使用 IBM 公司的品牌权，成为全球第四大 PC 经销厂商。柳传志说：“一家来自于中国的公司收购 IBM 这件事本身就是一个让全世界震惊的消息，这是对联想品牌的一次大力宣传。”

在宣布收购 IBM 以后，联想集团的任务就是对全球业务进行整合，实现协同效应。北京申奥成功恰好为联想集团送来了大好的机遇。

在投资了 6 500 万美元之后，联想集团成为中国首家“国际奥委会全球合作伙伴”。而在成为 TOP 赞助商以后，联想集团的知名度通过北京奥运会得到迅速的提升。据联想集团提供的数据资料显示，经过 3 年多的奥运理念营销，联想集团在中国国内市场上的知名度上升了 15 个百分点，美誉度也上升了19个百分点；在英国和澳大利亚等海外市场上的品牌知名度美誉度也同样得到了大幅度的提升。另外，根据中国品牌研究学院提供的数据，在正常情况下，联想品牌美誉度的增幅平均约为20%；而借助北京夏季奥运会展开营销，联想集团的确收获了较好的回报，从2007～2008年，联想集团的品牌美誉度增幅达到了54.79%。

国内企业做强、做大的最终目标是更好地为目标人群服务，无论是产业经营走向国际，还是在国内市场称王称霸只是企业营销拓展的某一个阶段，联想和海尔这些品牌国际化先行者的经验值得后来者学习和借鉴。可以说，联想已经走在了前面，那么作为后来者，要如何发展自己的品牌战略呢？科特勒建议，企业在品牌决策过程中有下面几个步骤。

1. 有无品牌策略

一般而言，现代企业都有自己的品牌和商标。以前的产品现如今已经不是单纯意义上的产品，大部分缺乏本质区别的产品现在由于品牌的存在而被高度区分开来。

2. 品牌使用者

企业究竟选择使用制造商品牌还是经销商品牌，必须要对其利弊进行全面的权衡。在制造商具有良好的市场声誉，又拥有较大市场份额的条件下，可以多使用制造商品牌。在制造商的资金能力相对薄弱，市场销售力量又相对不足的情况下，可以选择使用经销商品牌。特别是那些刚进入市场的中小企业，通常会借助于中间商品牌来打开市场。假如中间商在某一市场领域中具有良好的品牌信誉以及庞大而又完善的销售体系，利用中间商品牌也是非常有好处的。

3. 统分品牌策略

假如企业决定其大部分或者全部产品使用自己的品牌，那么，就要进一步决定其产品究竟是分别使用不同的品牌，还是统一采用一个或几个品牌来打入市场。

4. 扩展品牌策略

同产品线扩展策略的“加长”相对应，品牌扩展是用现有的品牌名称推出一些新的产品线，就是产品组合的“加宽”。日本本田汽车公司在产品销售获得成功以后，又利用本田的品牌形象推出了摩托车、割草机以及铲雪车等多种产品线，让企业规模得以迅速扩大。品牌扩展具有很多优势，著名品牌能让新市场迅速地接受新产品、吸引新客户从而扩充经营范围和规模。

5. 多品牌战略

这种策略主要为建立不同的产品特色并迎合不同的消费者提供的一条捷径。然而这一策略让每种品牌都只能获取一小部分的市场份额，针对这一情况，科特勒建议企业应该建立几个利润水平较高的品牌，而不要将资源分摊在所有的品牌上。

6. 打造新品牌

当企业决定推出一个新产品时，如果原有的品牌名称已经不适用于这一新产品，或者说新产品会损害品牌形象，那么，最好能创造一个新的品牌名称。但是科特勒认为，太多新的品牌会导致企业资源的过度分散，所以要慎重引入新的品牌。

适当变革，在国际化竞争中取胜

再成熟的企业在参与国际化竞争的时候，都需要对自己现有的产品进行适度地翻新，或者对自己以前的某种产品形状进行适当的改变，以适应某国或者某地区当前的需求。

1970 年，麦当劳公司决定进军国外市场，把自己的产品和服务推向全球各地。当时，公司总裁克罗克把目标对准了世界各地的中产阶级。

藤田是麦当劳在日本的合作者，他是一个有远见、有思想的商业家。他告诉克罗克，日本民族始终有一种非常深的自卑感，因为他们一切重要的东西都来自于其他国家。比如，日本人的文字来源于中国，佛教来源于韩国，可口可乐来源于美国。

在获悉日本人的复杂心理以后，克罗克认为，麦当劳在日本的发展必须要采取本土化的策略，至少使其表面上看不出是美国的东西。经过一番认真的筹备之后，一间面积大概为500平方米的麦当劳餐厅终于开业了。经过藤田不懈的宣传，日本人很快就接受了麦当劳食品。此后，麦当劳在日本“遍地开花”，赢得了空前的胜利。

有了在日本的成功经验后，麦当劳更坚定了走国际化和本土化密切结合的道路。克罗克认识到，麦当劳在每一个外国市场都应建立起“本土化”策略，以赢得当地人的认可。正是基于这种认识，麦当劳才确立了全球市场开发模式：在当地找一个保险业型的合伙人，给他一定的股份与较美国加盟者更多的自主权，使其在当地市场可以更好地发挥。这便是麦当劳在全世界获得成功的关键所在。

科特勒认为，对利润的追求和竞争形势的需要，使企业不可能满足于已经拥有的市场份额，而是要不断地拓展新的市场机会，占领那些还能盈利的领域。

如今，国际化趋势给企业的营销活动带来了十分深刻的变化。企业家的眼界不再只是局限在小的范围内，而是高瞻远瞩。很多原先在本国取得成功的企业，因为大力开展国际化营销活动，所以很快被世界各地的消费者所熟知。比如雀巢、东芝和微软等公司，由于实施了成功的国际化战略，所以成就了各自在行业中的霸主地位。

企业在国际化竞争的战略中不仅可以采取和在国内市场一样的促销战略，也有可能依据其需要开拓的当地市场实际情况进行相应的转变。企业如果只调整自己的营销策略而保持产品原样，称为“传播适应”；企业如果既调整产品又调整传播，称为“双重适应”。比如，埃克森石油公司打出的广告是：“给你的油箱加只老虎”。只需要用不一样的语言稍微加以改变，便可以让它被全世界人所接受。当然有的国家也许会有某些忌讳，这就需要企业在实际的营销活动中区别对待。

科特勒在研究中提出，不管在哪一个国家或者地区，消费者的需要都存在着一定的差异。企业如果在调整自己的营销计划时，能够针对每一个目标顾客群体的具体情况，将有可能会收到事半功倍的功效。这种针对目标顾客来制定营销策略的方式，无论在哪一个国家都需要。比如有很多大型的跨国公司，它们在营销过程中聚焦于特定市场之间的差异性上，而非聚焦于全球市场的统一性上。

在进行全球化营销的时候，企业当然也会对世界市场的相似性非常重视。它们脚踏实地在全球各地推广标准化的产品和服务，通过产品和服务的标准化、营销和管理的国际化，赢得市场声誉和经济效益。比如，可口可乐、麦当劳和吉列等公司所采用的全球化营销策略，就使其取得了很大的成功。

科特勒强调，在企业找寻新市场的过程中，产品的本土化和全球的标准化两者并不矛盾，需要同时坚持。人们在消费同一个品牌产品的时候，也在寻求更现代化的生活方式。因此，企业在进行跨国营销活动的时候，一方面需要适当地考虑文化和顾客接受心理的差异性；另一方面需要暂时忘记这种差异性，把精力全部集中在满足全球化的消费需求趋势上。

不管是哪一家国际化的大企业，为了能让自己的产品遍及全球各地，必须做到让产品真正受到人们的青睐，从这个意义上来说，实现产品的本土化是十分必要的。换句话说，必须让国际化产品实现本土化。

需要特别注意的是，在实施全球化战略时，企业不能把利润放在首位，而是要首先抢占市场份额。也就是说，企业应该把市场占有率摆在第一位，先占领市场，再考虑通过有效的途径来降低成本，增加销售利润。

主动出击，拓展国际化市场

随着地球村概念越来越被广为认同，大部分企业都不再把各自的精力放在国内市场。因为，在如今经济全球化的时代，除了参与国际竞争以外，企业已经没有其他选择。而那些光想简单地待在国内并出口剩余产品的做法根本就无法行得通。而真正有远见的企业家也绝不会满足于“小打小闹”，不是把自己的眼界局限于某个狭小的市场空间，而是主动出击，积极进行国际化营销，拓展更为宽广的市场空间。

在科特勒看来，企业的国际化进程通常需要经过以下四个阶段：首先，无规律的出口活动；其次，通过独立的代理人出口；再次，建立一家或者若干家销售分公司；最后，在国外投资并进行生产。

刚开始，企业常常会通过和独立的代理商进行合作，向那些在地理上或者在价值观上相差不多的国家出口商品。如果这种策略能够获得成功，企业就会寻找更多的代理商不断拓展到其他国家。紧接着，企业会成立专门的出口部门来处理和各个代理商之间的关系。当企业发现某些相当大的出口市场时，认为让本公司的营销人员对这些市场进行直接经营会更好，这样一来，就会计划在这些国家成立自己的分公司来取代代理商。科特勒表示，企业这么做既有利又有弊，因为这样能够增加企业利润，当然，企业的义务与风险也会随之增加。为了管理这些分公司，企业会成立自己的国际营销部，以取代先前的出口部。倘若企业在某地的市场销售量稳步上升，同时这个国家的条件也符合外国投资者条件的话，那么企业有可能会实施下一步骤，也就是开始追加大量的资金在当地建立工厂进行生产，这就意味着企业的投入与利润都会大量增多。

差不多任何一家跨国公司都是经过这样一个程式发展起来的。科特勒认为，需要重新考虑的问题是，企业在步入市场竞争模式全球化的过程中，必须调整自己之前的营销组合，这样才能真正适应当地市场的情况。在这一过程中，有可能会出现两种极端的情况，一种是企业制定特定范围内标准化的营销组合，对产品、广告以及分销渠道都实行标准化，这样就有可能使产品成本降到最低；另一种是企业必须针对不同的市场情况将不同的营销组合制定出来，按照每个目标市场的特点对生产营销链条进行调整。

企业之所以在国外建立合资企业，大多都是出于经济上的需要或者政治上的允许。不排除企业本身缺少资金、管理力量或者物质资源，需要寻找当地的合作者，以解决存在的这些问题。或者是本国的政府机构由于考虑到自身经济的发展需要，适度开发外国、本国企业合作，不同意外国企业进入本地市场是一种交换条件的看法。

不过，科特勒提醒广大企业，合资的方式在给企业带来某些便利的同时，也有很多不足。因为不同国家的合资者或许对投资、营销和其他策略的看法有些不同。如果与合资者的意见不一致，不只是会影响到合资企业的生产发展，还有可能使其最终以关门收场。比如，美国电话电报公司和意大利合作者所成立的合资企业，最终以失败而收尾，因为两者之间无法形成一个明确的一致战略。除此之外，组建合资公司可能会给那些跨国企业带来另外一个影响：它们在执行自己建立在全球基础上的特定生产和营销政策时，会无奈地做出一些改变。

通常来讲，介入国际营销的简单形式之一就是许可证贸易。也就是说，许可方和国外的受证方达成协议，为受证方提供生产技术的使用权、商标使用权、专利使用权、商业核心价值的体现或者其他具有一定价值的项目，并从受证方的经营活动中得到费用收入或者提成。通过这样一种方式，许可方不必冒太大的风险就可以把自己的品牌打入国外市场，而受证方也能够从中获取成熟的生产技术。

对于许可证贸易，科特勒强调它存在着明显的不利因素。许可方对受证方的控制较少，假如受证方的经营大获成功，许可方也许会失去原本唾手可得的利润，如果合约期满或者合约终止，许可方就会发现存在一个十分强大的竞争对手。

合同制造也是一种企业打入外国市场的方法。企业和当地的制造商签订合约，让当地的厂商制造产品。采用这一方法的好处是能较快地进入国外市场，风险较小，还有机会在以后和当地的厂商合作或者入资当地的工厂。采用这一方法的坏处是在合同履行过程中，企业对制造过程的控制较少，同时也许会损失由自己制造可以获得的潜在利益。

科特勒提出，企业可以以特许经营的方式进入外国市场。这是一种相对来说更完整的许可形式。许可方为受许可方提供一个完整的品牌观念与作业系统，而受许可方参与投资和支付费用来回报给许可方。像麦当劳、肯德基及很多零售业商场，在进入外国市场的时候，采取的都是这种方式。

除此之外，向国外出口商品也是企业进入外国市场最简单的一种方法。偶尔出口商品到国外是一种被动出口的行为，指的是企业出口自己剩余的产品，或者为了满足国外市场的订单而出口商品。而主动出口则是企业为了扩大市场从事出口的活动。不管是主动出口还是被动出口，企业均是本国制造产品，按照外国市场的实际需要进行相应的调整。间接出口指的是企业通过中间商出口产品，出口中间商的种类分以下四种：一是国内的出口商。他们购买制造商的产品之后，自行销售产品到国外。二是国内的出口代理商。他们负责在国外寻找销售机会，作为厂商和进口商洽谈的中介，从中收取一定的佣金。很多贸易公司均属这一类型。三是合作机构。某些合作机构可能代表几家厂商并部分地受它们的管理，负责这些厂商的出口业务。四是专门负责某公司的出口业务，从中抽取一定的回扣。

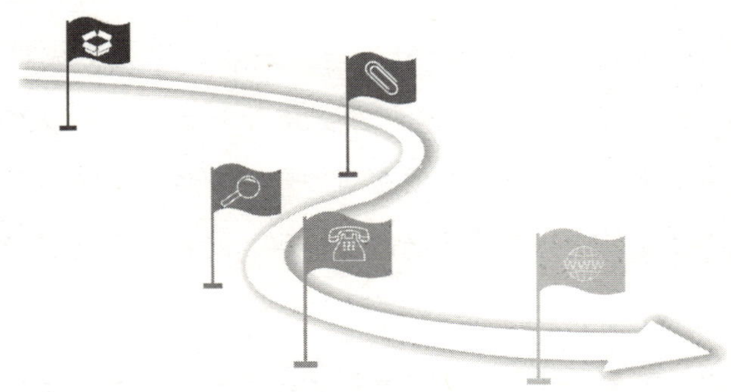

第十章　差异化：你的产品有哪些与众不同之处

对于产品来说，差异总是存在的，只是大小强弱的不同。要想使企业的产品在竞争中立于不败之地，便一定要生产出性能上、质量上优于市场上现有水平的产品，在消费者心里树立起与众不同的形象，差异化营销，是企业制胜的又一法宝。

用差异化营销确立市场竞争中的地位

以早期的科技水准、生产能力及创新力度，已经不能满足市场中消费者日益增长的需要，而在这种指导方式下出现的新产品即使上市，也会很快被模仿，对此，科特勒反复重申，企业要想获得成长，就必须“抢夺”其他品牌的消费者。美国广告研究者史提芬·金曾经说过：管理者最好致力于生产出“特别”的东西，使它具备“特定族群”的附加价值，这个产品如果能拥有越多的附加价值，就越能满足消费者的不同需要。

秉持创意、艺术、人文、生活的精神，中国台湾著名大型连锁书店之一台湾诚品书店，现在已经成为提升台湾文化的标志，甚至已经成为台湾的一个文化景点，有不少我国的香港人到台湾，竟然是奔着诚品书店而去的。

始建于 1989 年 3 月的诚品书店，以经营艺术、建筑书籍为主，因为其经营者对理念的执着与独特的定位，让爱书人眼前为之一亮，在市场上很快就树立起不错的知名度。

跟一般印象中的传统书店迥然不同，这家台湾本土书城，具有欧式图书馆的风味，一反当地传统书店的规格化与沉闷感，创造出充满人文艺术气质的氛围，以沉稳、优雅、温馨的色系，让每个人一进入诚品书店，就会不自觉地放慢脚步、轻声细语。

书店的定义在诚品并非零售业，而是多元的、动态的文化事业。诚品书店不只卖书，而是复合组织的，包罗书店、画廊、花店、家具、瓷器、珠宝、餐厅等。更令其他连锁书店望尘莫及的，是诚品书店在活动行销上的创意。除了精心的陈设，以精致优雅的阅读空间规划展现阅读价值外，总是长期举办各种延伸阅读活动：座谈、演讲、表演与展览等，每年至少会举办四五百场演讲与展览，领域遍及文学、戏剧、舞蹈、美术与环保等。

诚品书店的经营特色体现在书种的组合上，是坚持不做畅销书，反而推荐一些有点冷门的好书，即使在书架上已经睡上一个季度的书也不把它们送入仓库，这正是诚品书店的特别之处，因此为爱书者所称道。这种看似逆势操作的手法，事实上，在诚品书店经营者的悉心规划下，有些冷门书通常会销售奇佳。

在诚品书店大受好评后，其他连锁书店也跟进模仿诚品书店的模式，在装修、阅读空间、选书分类等内容上学习诚品书店，一时间，各家大型书店都变得很有“内涵”，但是诚品书店的经营成效还是在领先其他书店。一位具有较高文化素养的人说，这才是它真正厉害的地方。当书店里不只是书，还包括创意、艺术、人文、生活的精神，它就不再只是买书后就走的地方，这就是诚品书店令人着迷之处。飘散书香几十年的诚品书店，可以预见，将继续攻占人心，传播丰富的阅读文化。

只要向市场提供独特利益，就是很好的差异化。诚品书店通过其差异化的经营，在激烈的竞争中取胜。对于营销者和消费者双方而言，差异化都能带来利益。在科特勒看来，差异化对营销者来说，能阻碍后来的竞争者，有效地回避正面碰撞和竞争，也能够削弱购买者手上的权力，因为市场缺乏可比的选择。由于存在差异化策略，所以得到满足的客户会产生相应的品牌忠诚度。

竞争给消费者带来的利益非常明显，不断的竞争促使产品价格更趋合理，质量更好。给消费者所带来的利益更为明显，这就是差异化，因为更贴切地满足了消费者的需求。因此，科特勒认为：有深度的差异化，才能超越定位。

打造突出某一方面的优势产品

有两位美国人，弗雷德·克劳福德与瑞安·马修斯，他们通过对世界已成功公司的研究，总结出企业成功的共同特征：稳定的产品、诚实的价格、便利的距离、独特的体验以及服务的安诺。这些基本上和营销的4P要素相吻合。更让人感到惊奇的是，调查结果表明：最出色的企业也往往只在5个属性中的一个属性方面占有绝对优势，在另一个属性上会保持领先地位，而在其他3个属性上则保持平均值。

换言之，每家企业都面临着以下的选择：要把哪个属性做得最出色，要把哪个属性做得优秀，要把哪三个属性做到平均水平。这是一个有所取舍的过程，也是成功营销定位的过程。营销定位成功的例子有很多，戴尔计算机的成功源于易接近性，星巴克的成功源于独特体验，沃尔玛的成功则源于天天都低价，而他们的产品和别人并没有太大的区别。

自创建初期，宜家（IKEA）就开始选择和家居用品消费者中的大多数站在一起。这也意味着宜家要满足具有许多不同需要、梦想、追求、品位和财力，与此同时，希望改善家居状况并能够创造更美好生活的人的需要。针对这一市场定位，宜家将其家居用品定位于“低价格、精美、耐用”。

宜家在欧美等发达国家，将自己定位成“面向大众的家居用品提供商”。由于其具有物美价廉、款式新颖、服务态度好等特点，所以受到广大中、低收入家庭的欢迎和认可。

然而，到了中国之后，由于当地市场普遍消费水平较低，原有的低价家具生产厂家竞争激烈已趋饱和状态，市场上其他品牌的国外高价家具也极少有人问津。因此，宜家便将目光投向了大城市中较为富裕的阶层。宜家在中国的市场人群定位为“想买高档货而又不付高价钱的白领”。宜家还通过在卖场各个角落与经营理念上不断传播异国文化，将大本宣传刊物免费赠送给顾客，提供部分免费拼装和自由选购的商品，巧妙地满足了目标市场的需求，获得较好的市场反应。

通过精准的定位，宜家吸引了很多当地知识分子以及白领阶层的眼球，再加上较为出色的产品质量和设计风格，让宜家在吸引众多新顾客的同时，也将固定的回头客群体牢牢地稳住。现如今，很多中国白领将“吃麦当劳”，“喝星巴克的咖啡”，“用宜家的家具”视为一种风尚，由此可见，宜家的产品定位及品牌推广有多么成功。

在今天这个技术高度发达、高度转移的经济时代，企业想当“全能冠军”基本上是无法实现的，所以，企业应朝着某一两个方面突出发展各自的优势。科特勒提出，企业市场定位的全过程就是不断挖掘自身竞争优势的过程。一般而言，企业可以通过以下三大步骤来完成竞争优势的挖掘。

1. 对可能的竞争优势进行识别

消费者总喜欢选择那些能给他们带来最大价值的产品与服务。所以，赢得并保持顾客的关键在于要比竞争对手更好地理解顾客的需求以及购买过程，并向他们提供更多的价值。通过向顾客提供比竞争对手更优的价格，或者提供更好的质量与服务，来寻找机会让自己的营销区别于其他企业，进而赢得竞争优势。企业通常会从产品差异、服务差异、人员差异以及形象差异等方面加以区分。

2. 对合适的竞争优势进行选择

对企业来说，并非一切品牌差异都是有意义的或者有价值的，也并非每种品牌差异都能成为很好的区别因素。每种品牌差异都可能在给顾客带去利益的同时，使企业成本有所增加。所以，企业必须仔细地挑选有别于竞争对手的竞争优势。而一种竞争优势是不是值得企业去建立，还应该看它是否能满足以下几个条件。

重要性：该差异能给目标购买者带来较高的利益价值。

专有性：竞争对手难以提供这一差异，或者企业不能用一种更加与众不同的方法使该差异存在。

优越性：该差异优越于其他可以让顾客获得同样利益的办法。

感知性：该差异实实在在，能够被购买者感知。

先占性：竞争对手不能轻易地复制出此项差异。

可支付性：消费者必须要有能力支付这一差异。

可赢利性：企业能够从此项差异中获利。

3. 彰显独特的竞争优势

企业需要通过一系列的宣传促销活动，给潜在顾客准确地传播这一独特的竞争优势，并在消费者的心目中留下良好的印象。

第一，企业要让目标顾客了解、知晓、熟悉、认同、喜欢并偏爱本企业的市场定位，在消费者的心目中建立起与该定位相匹配的形象；第二，企业需要通过各种手段对目标顾客的形象进行强化，保持对目标顾客的把握，稳定目标顾客的态度并加深目标顾客的感情，从而巩固同市场相匹配的形象；第三，企业应该注意目标顾客对其市场定位的理解出现偏差或者因企业市场定位宣传方面的失误而造成的目标顾客模糊、混乱与误会，要对与市场定位不一致的形象进行及时的矫正。

研发新产品，确保企业持续发展

随着消费者需求的不断变化，产品的生命周期日渐缩短，很多产品越来越容易被淘汰，企业面临着前所未有的挑战。所以为了生存，企业唯一的办法就是持续研发新产品。

3M公司经销6万多种产品，从砂纸与胶粘剂到隐形眼镜、心肺仪器与新潮的人造韧带；从反射路标到不绣羊毛肥皂垫与数百种胶条，比如创可贴、防护胶带和超级捆绑胶带，还有再扣紧胶带和一次性尿片。该公司将革新视为其成长的路径，将新产品视为维持其生命的“血液”。该公司的目标是：每年销量的30%从前4年研制的产品当中取得（公司长期以来的目标均是5年内每年销量增长25%，近年又前进了一步），这是让人吃惊的。然而更让人讶异的是，3M公司一般都能取得成功。3M公司每年都要研发新产品达200多种。应该说，3M公司那传奇般的重视革新的精神已经让其连续成为让人艳羡的一家美国企业。

新产品并非自然诞生。3M公司努力创造出了一个革新的有利环境。它一般投资大概7%的年销售额，都用在了产品的研发上，要知道，这等同于普通公司的两倍。

3M公司总是鼓励每位员工都研发新产品。它有名的“15%规则”允许每一个技术人员最多可以用15%的时间来“干私活”，也就是搞个人感兴趣的工作方案，无论这些方案是否对公司直接有利。每当产生一个富有希望的产品构思时，该公司就会组织一个由该构思的开发者以及来自生产、销售、营销与法律部门的志愿者组成的“敢死队”。这支队伍负责研发产品，并且保护产品免受公司严苛的调查，其成员自始至终与产品“共生死”直到产品获得成功或者失败，然后才会回到自己原先的岗位上或者继续与新产品待在一起。有的“敢死队”在让一个产品构思成功前会尝试三四次。对于那些新产品开发后3年内在美国销售额达

200多万美元，或者在全世界销售额达400万美元的“敢死队”，3M公司每年都会授予他们“金步奖”。

3M公司在追求新产品的过程中，一直与其顾客保持着紧密的联系。在新产品开发的每个时期，都重新评估顾客的偏好。市场营销人员与科技人员在开发新产品的过程中总会密切地合作，研究人员与开发人员也都会积极地参与对整个市场营销策略进行开发。

为了获取最大限度的成功，3M公司明白，它必须尝试成千上万种的新产品构思。它将错误与失败当成是创造与革新的正常组成部分。实际上，它的这套哲学好像成了“你如果不犯错，那么你可能没做任何事情”。但是，就像后来的事实所表明的，很多“大错误”都演变成了3M公司最成功的一些产品。它的老员工很爱讲一位化学家的故事。这位化学家在一次偶然的机会，将一种新型的化学混合物溅在了网球鞋面上。几天以后，她发现溅上化学混合物的网球鞋鞋面的部分没有变脏。后来，这种化学混合物竟然成了斯可佳牌织物保护剂。

另外一个故事是关于3M公司科学家斯宾赛·西尔维的。西尔维想开发一种超强粘剂，但他研制出的粘剂却不是很黏。于是，他将这种显然毫无用处的粘剂拿给3M公司的其他科学家，看看他们能否找到什么方法使用它。几年间，一直都没有任何进展。后来，3M公司的另一位科学家阿瑟·弗赖伊遇到了一个问题，由此产生了一个想法。弗赖伊博士是当地教堂的一个唱诗班成员，他发现在赞美诗集中很难做记号，因为他夹的小纸条常常会掉出来。于是，他试着在一张纸片上涂了点西尔维博士研制的弱粘胶。没想到这张纸条很好地粘上了，竟然在后来撕下来的时候也没有把赞美诗集弄坏。于是就“诞生”了3M公司的可粘便条纸，这种产品现在早已成了一种公司办公设备的畅销产品。

科特勒提出，任何一家企业都必须善于对新产品进行开发。面对日益变化的顾客品味、技术和竞争，企业还需要学会如何管理产品。任何一种产品好像都会经历一次生命周期——诞生，在历经几个阶段后，最终当更新的、能够更好地满足消费者需要的产品出现时，原来的产品就会遭遇被淘汰的命运。

其实，开发新产品不仅仅需要创意，还需要科学而又合理的制度来确保实现创意。毫无疑问，3M公司在这一方面做出了表率。科特勒说，开发一项新产品往往需要做好以下几方面的工作。

1. 制定市场营销战略

在形成产品概念以后，企业需要制定相应的市场营销战略，相关人员也要拟定一个把新产品投放于市场的初步市场营销战略计划书。

2. 进行商业分析

一旦企业制定了发展新产品的概念与营销战略，就可以对这种产品概念进行商业吸引力评价——复审销售量、成本以及利润预计，从而对它们能否满足企业目标进行确定。

3. 研发产品

产品概念如果通过了营业分析，企业的研究和开发部门还有工程技术部门就可以将该产品概念转变成产品，进入试制阶段。只有在这个阶段，以文字、图表和模型等描述的产品设计才会变成实体产品。企业在这个阶段应该弄明白的问题是，产品概念是否能变为技术上与商业上可行的产品。如果不能，那么除了在全过程中取得一些有用副产品即信息情报之外，耗费的所有资金全都会“石沉大海”。

4. 市场试销

新产品样品经过一部分消费者试用并获得基本满意以后，企业一般会按照改进后的产品设计进行小批量产品试生产，然后在选择的目标市场上进行检验性的试销。与此同时，对经销商与顾客进行深入性的调查，深入改进设计或者生产情况。试销不但能增进企业对新产品销售潜力的了解，也有助于企业改进市场营销策略。比如，在市场试销过程中，观察试用率（也就是消费者第一次购买产品的概率）与再购率（也就是消费者重复购买产品的概率）的高低，对及时了解新产品是否能够销售成功的意义重大。

5. 产品上市

企业在对试销的产品做出总结与改进以后，让这种产品上市，在顾客的反馈中不断完善产品。

调整产品组合，寻求产品最佳化

“产品组合”是一家企业在一定时期内生产经营的各种不同产品的产品种类和产品项目的组合。科特勒认为，产品组合是多种多样的，既可以是两项技术的组合，也可以是多种产品的组合。因为市场环境与竞争形势都在不断地变化，所以产品组合的每一个决定因素必然会依据市场环境与竞争形势的变化而变化。一部分产品可能会得到较快的成长，可持续获得较高的利润，而另一部分产品则有可能趋向衰退。所以，企业应根据实际情况对产品组合进行调整，以寻求与保持产品最佳化。

比如，曾有一家英国公司制造了一种名为吉姆的潜水机器人，这种潜水机器人的研制技术是新兴的深潜技术与机器人技术的复合，最终成为海洋开发领域的“尖兵”。

在现实生活中，组合型的新产品以它“一物多能”的特点，能够满足顾客的多种需求，并将其向更深的广度发展。这是未来开发产品的一大趋势。

科特勒曾强调，一家企业的产品组合决策并不是任意确定的，而应该遵循有利于销售与增加企业总利润的原则，依据企业的资源条件与市场状况灵活地选择。产品组合策略指的是企业根据市场状况、自身资源条件与竞争态势对产品组合的深度、广度、长度与关联度加以不同组合的过程。若从静态的角度进行分析，可供选择的产品组合策略分为以下几类。

第一类是全线全面型策略。是指企业着眼于向所有顾客提供其所需的所有物品的策略。这种策略需要兼顾整个市场，并不是每家企业都能够做到的，该种策略能够较大限度地对各种产品的经营风险进行分散，对企业的实力与声势进行拓展，以获得最大的市场覆盖率，最大化地满足顾客需求。通常来讲，大工业集团或者大公司普遍采用这种策略。整个市场的含义不仅可以是广义的，也就是不同行业的产品市场的总体；还可以是狭义的，也就是某个行业的各个市场面总体。所谓“狭义的全线全面型产品组合策略”，就是提供一个行业必需的所有产品。比如，美国奇异电气公司的产品线非常多，并且都与电气有关。而“广义的全线全面型产品组合策略”便是尽量增加产品线的深度与宽度，不受产品线之间关联性的约束。比如，日本索尼公司将经营范围从电视机、收录机、摄像机、VCD、DVD扩展到药房、连锁餐厅以及旅行社等。

第二类是市场专业型策略。这种策略不考虑各个产品系列之间的关联度，而是向某一个专业市场、某一类顾客提供需要的各种产品。比如，旅游企业的产品组合就应该考虑旅游者需要的所有产品或者劳务，比如，住宿服务、饮食服务、交通服务以及纪念品、照相用品等的相关组合产品。

第三类是产品系列专业型策略。是指企业专注于生产某类产品，并将这类产品推销给各种顾客的产品组合策略。比如，某汽车制造厂的产品都是汽车，但是按照不同的市场需要分为三种产品系列，即小轿车、大客车与运货卡车，分别满足不同用户的需求。

第四类是单一产品系列专业型策略。是指企业根据自己的专业优势，集中经营有限的或者单一的产品系列，来满足有限的或者单一的市场需要。比如，有的汽车制造厂只生产作为个人交通工具的小汽车，而不生产其他类型的车辆，主要是为了凸显企业在这方面具有的专业优势。

最后一类是特殊产品专业型策略。由于产品的特殊性，所以企业常常根据自己的专长生产一些具有良好销路的特殊产品项目。此种产品组合策略能够开拓的市场显然是有限的，但其优势是面对的竞争威胁非常小。

若从动态的角度进行分析，可供选择的产品组合策略有以下几种。

第一种是扩大产品组合策略。是指增加产品系列或者产品项目，扩大经营范围和产品组合的深度或者宽度，生产经营更多的产品以满足市场的实际需求。

第二种是缩减产品组合策略。是指降低产品组合的深度或者宽度，删除某些系列产品或者产品项目，提高专业化水平，集中一切力量生产经营一个系列的产品或者少数产品项目，争取从生产经营品种比较少但产品优势比较明显的对比中将企业竞争优势体现出来。

第三种是高档产品策略。是指为了使企业与现有产品的声望得以提升，在同一个产品线内增加生产档次和价格都很高的产品。

第四种是低档产品策略。是指为了吸引由于经济条件所限而买不起高档产品，但又十分向往高档名牌的顾客，在同一个产品线内增加生产中、低档的价格低廉产品，以充分发挥高档名牌产品带来的声誉影响力。

凸显产品个性，加大竞争优势

当产品投入市场时，最先凭借的是产品的独特性与价格方面的优势，随后便是产品质量方面的优势。但随着市场中同种产品的日益增多，产品质量相差不大时，单纯凭借价格与质量便很难打开产品销路，此时就需要采取更加高级的营销战术，从而了解产品价格和产品质量背后隐藏着的营销意义。由此可见，如何凸显产品个性化以赢得市场，从来都是企业经营中存在的主要问题。

美国麦尔维尔一高浦勒斯制鞋公司是目前世界制鞋业首屈一指的制鞋公司，它的产品遍销全世界，年销售额高达 60 亿美元。它的产品之所以如此畅销，除了产品质优价廉以外，还和公司领导人费兰西斯·诺利注重研究消费心理学，赋予每一双鞋浓浓的人情味有很大的关系。此前，该公司的产品曾一度陷入滞销的尴尬处境，而诺利受命于危难的时刻——在麦尔维尔公司正处于举步维艰的境地时担起总经理这一重任。在上任以后，深入研究消费心理学的诺利采用了一种全新的营销手段，为产品赋予感情色彩，最终使公司转危为安，并且还创下了很好的销售成绩。

在诺利看来，市场不仅是企业交战的战场，而且是企业与消费者进行感情互动的场所。要想真正战胜对手，赢得消费者的喜爱，企业就必须赋予产品浓厚的情感。因为当今的许多消费者购买鞋子已经不只是出于防冻与护脚的实际需要，而更多是为了使个性与生活水平有所展现。

诺利采取了一种人性化的营销模式。首先，他要求公司的设计人员颠覆传统单一的设计风格，将产品的设计风格引向多元化；其次，麦尔维尔公司的设计人员推出了“男人味”与“女人味”“狂野”与“优雅”“青春”与“老练”等风格不同的鞋子，在款式和色彩的配置等方面让鞋子呈现出风格多元化。

与此同时，麦尔维尔公司还为每双鞋取了新颖独特的名字，比如“爱情”“欢乐”“愤怒”以及“眼泪”等，让每双鞋都充满了生命与情感，满足了各类消费者的不同需求。

果然，人们争相购买麦尔维尔制鞋公司的产品。凭借“给产品赋予感情色彩”的诀窍，这家公司进入了销售的持续高潮期。

麦尔维尔公司善于把握消费者的心理需要，积极地响应消费者的个性化需求。因为该公司非常清楚，成功的营销不只是提供给消费者实用的产品，还要让自己的产品具有人情味，使每个产品都拥有各自的生命。

科特勒认为，企业需要对产品做出更为个性化的规划，只有这样，才能确保产品在激烈的市场竞争中站稳脚跟。通常来讲，产品个性化主要从以下几个方面进行规划。

1. 突出产品特色

企业应当注重宣传自己产品中最有特色的内容，舍弃和竞争产品的共性，让自己的产品和竞争对手的产品之间的距离加大。比如，日本的东芝冰箱注重宣传其产品省电这一主要特色，而松下系列录像机则重点强调磁带适用范围广泛的特点。

2. 突出地域优势

某些产品的产地或者原材料来源地和产品的质量与特色关系紧密，比如，香味纯正的“哥伦比亚咖啡豆”和晶莹剔透的“泰国香米”等。消费者认为，原产地盛产这种优质的原料，从质量上来讲，生产的产品应当高于市场上的同一类产品。

3. 突出性能优势

产品本身具有的优越性能以及由此获得的利益能让消费者认可其定位。比如，在20世纪60年代，柯达公司研制出一种新型的全自动“傻瓜”照相机，意思就是“连傻瓜都会使用”。该公司当时还在广告中这样宣称：“你只要按下键钮，其他的事由我负责。”当然，随着数字产品的普及，手动胶片式摄制成为了特殊人群的喜好。

4. 突出消费者类型

生产具有不同用途或者不同性能的产品，来适应各种类型的消费者需求，让产品定位于不同类型的消费者群体。全球各大体育用品公司利用消费者对产品规格、品种需求的市场特点，一改早期不管从事哪种运动穿的均是胶底鞋的局面，依据不同的运动特点生产出多种类型的专用运动鞋，如各类田径鞋、旅游鞋、球鞋和登山鞋等。

5. 突出使用差异

Michelob 啤酒公司按照啤酒的使用场合对自己进行定位，然后扩大啤酒的饮用场合。该公司把原来只是在周末饮用的啤酒定位为在每天晚上都可以饮用的啤酒，以此提高产品销量。

6. 突出产品创新

在大部分的情况下，产品的生产并非要与某一特定的竞争者相互竞争，而是要与同类产品相互竞争。当产品在市场上已经属于新产品的时候，不管是对新市场进行开发，还是为既有产品进入新的市场或销售门禁，都可以采取这种方法对产品进行定位。

在同质化产品中寻求差异

科特勒认为，只要方法得当，任何产品都可以被差异化。在产品差异化方面，宝洁公司就是一个最经典的例子。

宝洁公司成立于1837年，是世界上最大的日用消费品公司。宝洁公司的品牌产品每天和全世界的广大消费者发生着近30亿次的亲密接触。它拥有众多深受信赖的优质、领先品牌，其中有佳洁士、帮宝适、碧浪、汰渍、玉兰油、舒肤佳、飘柔、海飞丝、潘婷、博朗、威娜等。

虽然宝洁公司旗下的品牌有很多，却分类明确。它采用的是针对商品功能的理性诉求，把旗下的产品分为：洗发护发用品，它拥有海飞丝、潘婷、沙宣、飘柔、润研及于2001年由施贵宝公司收购的伊卡璐系列。个人清洁用品也拥有三大不同品牌——舒肤佳、玉兰油和激爽。

宝洁公司的各个品牌之间独立核算各自的费用，鼓励品牌之间互相竞争，管理上也同样实行品牌管理方式，坚持“一个品牌，一个品牌经”的理念。对每个产品都进行不一样的品牌定位，从而使产品的品牌个性得以形成。

比如说洗发用品，宝洁公司的各个品牌之间寻找产品差异化时的出发点是发质的本身，比如男女性别差异，发质差异以及头皮种类的差异。因为洗头、护发是洗头产品的一项基本的功能，所以产品功能的延伸也重在改善头发的质量。很显然，飘柔的二合一是为生活繁忙的都市人专门提供的产品定位，柔顺的提出体现在头发上的是心灵的关怀；海飞丝是宝洁公司发现有些消费者的头发有头皮屑而开发的产品；潘婷则强调头发的修复功能，注重对头发的营养保健；沙宣的发廊级造型有专卖作为示范；伊卡璐的城市定位和草本精华功能描述十分有力。这些明显可见的效果让消费者非常信任这些产品，也可以说是宝洁公司人文细微关怀的一种体现。

应该说，宝洁公司的产品差异化就是典型的通过产品功能和文化叙述的不同而区分为差异化。科特勒表示，在实际的差异化营销活动中，产品差异化的概念较大，但其本质含义是相对于同质化或者成本优势来说的一种竞争手段或者产品定位，通过产品差异来实现消费群体差异是产品差异化的主要功能，具体表现在以下几个方面。

1. 价格定位差异化

通俗来讲是高、中、低档商品定位不同，比如，普通筷子、一次性筷子与象牙筷子的档次不一样，消费群体能明显地加以区分。

2. 技术差异化

可以说，技术含量的增加在无形中会加大产品质量。比如，有些电磁炉采用双圈加热线路，来达到加热均匀，而其他电磁炉则采用单圈加热线路，受热程度自然不够均匀。

3. 功能差异化

在对基本使用价值不加改变的前提下，产品功能通过延伸或者附加功能的不同来吸引众多的消费者。

4. 文化差异化

大多时候，消费者购买的不只是一种商品，更是一种心灵上的释怀或者向往，这便是商品的文化内涵。采取文化的优势也是商品的一个特色。比如，上海城隍庙的小吃虽然也是小吃，但是销售对象的文化取向却存在差异。

5. 外观差异化

可以说，外观不仅是一个商品内涵的延伸，也是展示给人的感性形象，就像陌生人见面，“一见钟情”是否会由此产生，外观可谓是决定性因素。比如，当初MP3从面世到发展，曾经上升为个人身份的象征、个人的名片，甚至是一种精神上的体验，也为后来的拥有者注入了更多的感性元素。所以说，外形设计的差异化就成了一张制胜的王牌，越来越受到更多企业的重视。

依据实际，具体问题具体分析

有数据显示，大众消费品的新产品失败率高达80%～90%，工业品的新产品失败率达20%～30%。为什么两者的失败率会有如此大的差距呢？

这是由于变动迅速的消费品新品牌往往和现有品牌相似，需要在推出的时候辅以大量的宣传广告，必须改变消费者钟爱现有品牌的那种购买习惯。而生产工业品的公司，比较倾向于在对有兴趣的公司做完产品试用，拥有了潜在购买客户名单之后，才将新产品推出。科特勒分析认为，在开发新产品和推出新产品的时候，有很多事情可能会出问题，比如：

1. 首席执行官也许会在毫无证据证明是否可行的情况下突发奇想，要求员工将项目计划启动起来。

2. 最初的产品概念或许在经过各个部门一连串的修改以后，变得与原来能够大有斩获的原始创意截然不同。

3. 各个部门削减成本和要求销售折扣的做法，使最终产品对顾客的吸引力减弱。

4. 因为无法吸引足够且适当的销售渠道，所以，公司往往不能在短时间内获取高值的市场覆盖率。

5. 公司付出的广告量和实际额度的不足，以致不能获取足够的顾客注意度和试用量。

6. 产品定价太高。

7. 因为企业在新产品方面投入了很多的资本，所以希望能在上市之后立即对沉没成本进行回收。

为了将成功商品化产品的共同因素找出来，莫迪斯托·马蒂克与比利乔·齐尔格要求某些电子公司选出其最足以傲人的产品成就，并提供各自案例的有关信息。据此，他们果真发现了以下五个成功上市产品的共同因素。

1. 成功的产品都具有相当高的利润预期。研究人员发现，尽管预计的利润常常太过乐观，但因为利润估计值相当高，即便产品的表现没有达到原定的水准，也依然会有非常好的收益率。

2. 成功的公司会拿出适当的费用来宣传这种产品。科特勒认为，有些公司所犯的错误就是吝于在宣传上进行投资，他们总觉得，只要产品足够好，就不愁没有客户购买。

3. 在市场上获得成功的产品，一般是第一个进入这一市场的产品，而不是追随者。

4. 产品的研发命运掌握在能够运作顺畅的跨部门团队手里。

5. 首席执行官对新产品的创意和计划非常支持。

对市场进行细分，抓住最佳机会

美国营销学家史密斯于20世纪50年代率先提出市场细分这一崭新的概念。市场细分是一个集合概念，是由在一个市场上有可识别的相同欲望、购买能力、地理位置、购买态度以及购买习惯的大量人群所组成的。科特勒认为，这是现代企业营销理念的一大进步，不仅反映了现代社会消费者需求差异化与多样化态势，也顺应了新的市场态势，是新时代营销模式推动下的产物。

通过大量的营销调研，企业经营者依据消费者的需求和欲望、购买行为以及购买习惯等方面存在着明显差异性，将某一产品市场整体划分为若干个消费者群体的市场分类过程。在通常意义上的市场细分过程中，每一个消费者群就等同于一个细分市场，或者说具有类似需求倾向的消费者构成的群体构成了每一个细分市场。

20世纪70年代初，美国可口可乐公司就已经开始尝试在办公室内部设置机售系统，最终因机售系统占用场地太大以及需要巨大的二氧化碳容器来产生碳酸而退出场地。其他饮料公司进入办公市场的尝试也是屡屡受挫，因为他们都有一个相同的要求，那就是要由场地当中的工作人员自己来调和水与糖浆。

为了尽快占有市场，防止市场份额缩减，可口可乐公司投入人力和物力，着手开发新产品——“休息伴”。所谓“休息伴”，其原则应是使用方便、占地面积小、可放在任何地方的机售喷射系统装置。为了实现这一目标，可口可乐公司专程邀请德国博世—西门子公司加盟制造这一机售喷射系统装置，也为“休息伴”这种新产品申请了专利。

由可口可乐公司研制、开发的“休息伴”大小同微波炉的大小差不多，装满时总重量为78磅（约合36千克）。顾客在使用时可以将自我冷却的“休息伴”连接到水源或者贮水箱上。机器上配有与“休息伴”相匹配的3个糖浆罐，还配有一个能够调制出250份饮料的罐体，只要顾客轻轻一按，水流就会从冷却区流入混合管，与此同时，二氧化碳也会注入进而形成碳酸饮料。由于每一次触键选定的糖浆量都需要配以与其比例符合的苏打，德国博世—西门子公司就在机器上安装了一个指示灯，以提示二氧化碳瓶是否还有剩余。当然，机器上还装有我们所熟悉的投币器，顾客在购买可乐时，可以投入5分、1角或者其他面额不等的当地货币。由于机器输出的可乐温度只有华氏32度（约合18摄氏度），因此也无须另加冰块确保口感。

到了1992年7月，历经20多年所研制出的新型可乐分售机在全球30多个国家推广试用，这是一项耗资巨大，被软饮料观察家们称为

“史上无前例的开发”。可口可乐公司在全美范围内的小型办公场所安装了多达 35 000 个“休息伴”，办公室人员足不出户就能够享用到可乐。

自此之后，可口可乐公司继续开发“休息伴”的细分市场。经过长达 3 年的市场试销，该公司在产品分销渠道的设计以及市场的细分等方面积累了丰富的经验。在市场试销过程中，为寻找“休息伴”的最终目标市场，可口可乐公司不断地改进其细分策略。据最初的一项调查结果表明，将“休息伴”置于 20 人或者 20 人以上的办公场地时，能够获得相当的利润，因此，该公司计划将 20～45 人的办公室作为目标市场。但这样做意味着可口可乐公司将放弃 100 多万个不足 20 人的办公室这一巨大市场，很显然，这一目标市场并不符合可口可乐公司的营销理念。通过进一步的调研、分析，可口可乐公司发现小型办公室的数量呈现增长的趋势，并证明对于那些经常出现流动人员的办公室，“休息伴”只要有 5 人使用就能够赢利。再加上分销商还可以把机器安装在大型办公室，使雇员们随时都能够喝到可口可乐公司制作的饮料。

可口可乐公司对市场的细分具有可量性、可接近性以及可实施性的。通过一系列的营销活动及不断的改进，可口可乐公司在市场细分的策划中取得了巨大的成就。它的成功告诉我们，面对错综复杂的市场以及需求各异的消费者，企业不可能满足所有顾客的整体需求，并为所有顾客提供最有效的服务。因此，企业要在分析市场的基础上再进行细分，并将重点顾客中的一部分作为其服务对象，这才是营销策略的核心所在。

在科特勒看来，市场细分的作用就是帮助企业在充分认识消费者需求差异的基础上，选择最适合企业自身条件的目标市场，让企业充分发挥资源优势，并以此为前提，为顾客提供差异化的产品以及服务。

在市场经济条件下，不同产品的市场需求量和它的满足程度是存在差异的，同一类产品的不同规格型号同样如此。没能得到充分满足的消费者需求就等于给企业提供了一次评估消费环境的机会，这种环境机会会不会成为企业的最优市场机会，主要取决于以下三大条件。

第一，企业的资源潜力能不能满足这方面市场需求。

第二，企业能不能抢占市场。

第三，假如有许多企业都有可能进入这个市场，那么就看该企业是否比其他企业更具优势，能否抓住这一机会。

通过对消费者进行差异化细分以及上述三个条件的衡量和比较，可以让企业发现最优的市场机会，从而捷足先登。

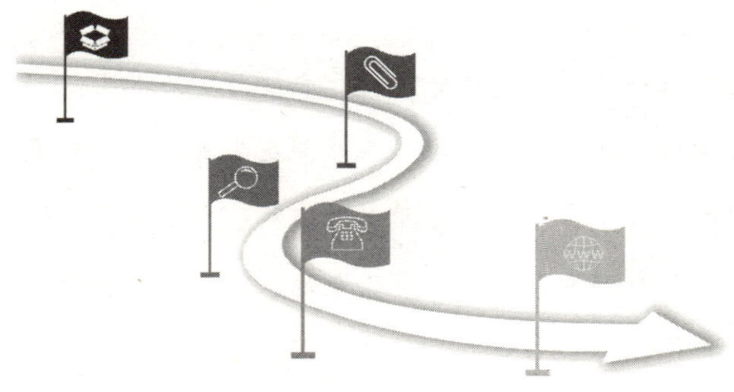

第十一章 同业竞争：超越同类，与自己赛跑

这个社会是充满竞争的社会，不仅在生活中如此，在商场上更是如此。现代企业间的利益关系复杂多变，其竞争关系也更加激烈。一家企业要想在竞争中获胜，必须比竞争对手做得更好，让客户满意，犹如与自己竞跑。

对不同的竞争者采取不同的应对策略

从广义上来讲，企业间的竞争来自许多方面，企业与供应商、与自己的客户之间，皆存在某种意义上的竞争关系；从狭义上来说，竞争者只是指那些与本企业所服务的目标客户相似，并且提供相类似的产品或者服务的其他企业。对竞争者的研究，一般都是针对狭义上的，企业与供应商、与自己的客户等之间的关系更多的还是合作关系。

企业的竞争者大致可以分为这样四种：品牌竞争者、产品形式竞争者、平行竞争者和愿望竞争者。品牌竞争者是其他竞争因素都相同，唯独品牌不同的竞争者；产品形式竞争者生产同种产品，但提供不同规格、型号、款式的产品；平行竞争者生产的是同一种商品，他们针对的是相同的消费者需要；愿望竞争者会提供不同的产品，以满足不同的消费者需要的竞争者。针对不同的竞争者，由于其竞争特点的差异，科特

勒认为需要采取不同的应对策略，所以需要将竞争者分类。

中国移动通信市场在2006年一改以前表面上的宁静，突然间变得“充满血腥和杀气”，连续上演了一连串精彩激烈的对决战，而对决战的双方则是两大通信巨头——中国移动和中国联通。

一个庞大的市场，只有两个参与者提供相似产品，只有某些有限的差别，这在经济学上被称为“双寡头垄断”。这种双寡头垄断的模式，从理论上讲，应该是“双寡头”达成协议，在承担的市场份额中保持领先。但是在中国移动通信市场上，中国联通显然不愿意保持“重在参与”的地位，而意欲与中国移动“平起平坐”。仅仅只依靠原来的GSM130网络显然没有希望，所以中国联通引入了CDMA技术，走出具有里程碑意义的这一步棋，从而成为全世界不多的同时经营两张网的电信运营集团。我国通信市场虽然还具有较大的发展空间，但是未来的发展速度显然不能与以往相比，用户数量的新增速度也会逐渐下降。这对中国移动和中国联通而言都是不利的。

中国移动作为全球最大的电信运营商，由于在移动通信市场占据了先机，占据了一批规模最大、质量最好的手机用户，因此无论是营业能力，还是赢利能力，都远远超过了中国联通。中国移动通过各种手段强化自身品牌，不断升级技术，开发新业务包括数据业务，优化网络质量与提升服务等，自身的核心竞争力得到逐渐强化，在竞争中保持着明显的竞争优势。但中国移动通信市场随着3G、4G时代的到来，出现了多家电信运营商共同参与竞争的局面，竞争由此变得异常激烈，要想在竞争中保持绝对优势，对于哪家电信运营商都是不容易的。

由双方竞争发展到多方竞争，中国移动通信行业竞争格局的改变，是一种市场化的结果，是市场各竞争参与者利益博弈的结果。一提到竞争，大家总会想到“惨烈”“残酷”等这些消极的形容词汇，其实在经济实体中，一个缺乏竞争的、垄断的市场环境，绝对不会是什么好事。良好的竞争环境，能促进行业中的企业在相互追逐中一起发展，促进行业优胜劣汰，从而推进社会经济的快速发展。然而，从企业个体的角度而言，竞争就意味着威胁，所以大多企业都用尽心思想击败竞争对手。

科特勒认为，对于所有企业来说，在激烈的竞争环境中，没有哪一种营销战略是战无不胜的，因为每个企业面对的竞争对手不一样，而且自己在行业中所处的地位不同，规模等自身因素也存在差异。比如属于行业领先者的大企业，由于一些自身的优势条件，能够采取那些小企业所无法采取的战略。大企业虽然有大的优势，小企业也不是没有小的好处，小企业也可以采用一些高回报战略，这是大企业无法采用的。在公平竞争的前提下，不论是何种战略，企业最需要的是那些能够比对手获得更多市场份额的战略。

打造优势产品，提高企业竞争力

为企业寻求到更具体的目标客户群体是市场细分的一大表现，同时也让企业找到有别于竞争对手的竞争力。在科特勒看来，市场细分应根据企业自身具有的优势，对具有相似需求特征的消费者进行归类，区别具有不同需求特点的消费群体，以此划出众多的子市场，使企业的生产和营销都更具目标性，这样也可以集中力量打造企业在目标市场中的竞争力，从而提高企业的发展水平。

“劳特”曾长期垄断日本的泡泡糖市场，使其他企业很难介入。但“江崎”决心打破这种一统天下的局面。

在进行了认真而又深入的市场调研后，江崎公司发现这样一个现象，劳特公司的消费对象基本上是儿童，目标顾客和产品品种都非常单一，而成年人的泡泡糖市场并未充分发掘，潜力还非常大。江崎公司便针对细分市场，推出了具有四大功能的成人泡泡糖，包括用来消除倦意的司机泡泡糖；用来清洁口腔的交往泡泡糖；用来改善情绪的轻松泡泡糖；用来赶走疲劳的运动泡泡糖。这些能满足成人不同需求的泡泡糖一

“诞生”，就像飓风一样席卷了日本市场，仅当年的销售额就突破了150亿日元，抢占了25%的市场份额，连“劳特”泡泡糖的霸主地位也被动摇了。

还有一个例子，日本精工制作公司通过差异化市场细分，推出了全球与众不同的“穆斯林手表”。这种手表除了具有常规的计时功能外，表上还装有特制的磁针，这就使得表针在任何一个地点都会指向使用者朝向的方向，这款手表每天能定时鸡叫5次，以发挥提醒功能。该公司将这款手表推向大陆国家后，深受消费者的欢迎，销路自然也不错。

总之，市场细分有助于企业提高竞争力，使企业用较少的投入取得较高的经济效益。这主要取决于两大方面，一方面，企业营销如果能够建立在差异化市场细分的基础上，就能够避免在整体市场上分散使用力量，让企业将有限的人力、财力以及物力资源集中使用于一个细分市场或者几个细分市场，从而取其长补己短、有的放矢地开展针对性的经营，不光费用相对较低，竞争力也会因此有所提高；另一方面，企业如果进行差异化市场细分，就容易看清楚每一个细分市场上各个竞争对手的长处和短处，有利于企业避实就虚地确定目标市场，这样不仅能够提高企业的经济效益，而且有利于增强企业的竞争力。

科特勒认为，在市场中，只有进行差异化细分，针对被市场忽视的某一类消费对象或者某一消费层次，生产出适合大家需求的产品，才能有效地避免竞争，提高企业的竞争力。

通过采集营销情报，占据竞争优势

企业获得营销情报的目的，是为了做出更好的战略决策，获得并跟踪竞争对手的行动和提供机遇与危险的早期警报，进而在竞争中占据优势地位。

科特勒说，商场如同战场，如果没有做好搜集和分析情报的工作，就很难在激烈的商场竞争中存活下来。可以说，现代社会是一个由信息主宰的社会，信息处理的优劣也成为决定性环节。市场环境是怎样的情况？竞争对手们在做什么？可以说，越来越多的企业都在忙着探知。因为只有探知到竞争对手的情报信息，才能据此做出决策。当然，营销情报的获取手段是多样化的，比如，对本企业员工的临时测验，对客户进行访谈，利用互联网进行相关信息的搜索，对竞争对手的产品进行分析等，为了寻找情报信息，更有甚者派出了商业间谍潜入竞争对手。

在尔虞我诈的商业斗争中，搜取情报的手段也层出不穷，充斥着合法的以及铤而走险的获取手段。科特勒认为，准确、有效的情报信息，不仅是企业决策制胜的关键，而且会对企业战略规划产生重大影响。

美国一家文案管理、处理技术公司施乐公司（Xerox），其产品包括数字印刷设备、复印机、打印机和相关的耗材供应以及服务，尤其是在文件制作和管理方面的“专长”无人能及。由于该公司在复印机、办公室光学设备方面的成功，在美式英语中，人们甚至将施乐品牌的名称——“Xerox”直接作为“复印”（photocopy）的名词或者动词之代用词的一种非正式习惯。

在采集营销情报方面，施乐公司也有着“超群”之处。在营销情报的相关工作中，为了抢占市场，该公司在与老牌竞争对手“柯达”的竞争中，更是用尽了心思：在与柯达复印机营销人员的谈话中，施乐公司的技术人员得知，柯达的营销人员正在接受为施乐产品服务的培训。施乐公司的技术人员随即将这一消息报告给了公司老板，老板立即将这一消息传到了公司的情报单位。没有多久，这些线索被柯达作为一个分类广告，并安置了具有施乐产品经验的新打探人员，为施乐复印机提供服务、代号为“尤里西斯”（Ulysses）的计划，施乐公司不久得以验证。这一赚钱的服务生意当然需要保护，对此，施乐公司设计了一个完全满意的保证计划，即只要是施乐公司做服务工作，就允许消费者以任何理由退还复印机。当柯达公司要推行“尤里西斯”计划时，没想到，施乐公司早在3个月前就已经进行了该项目的促销活动。

在战略上占得先机，需要掌握情报的主动权，施乐公司就是这样赢了柯达公司。科特勒说过，情报的来源很广泛，不但可以是企业内部人员得来的情报信息，还可以来自客户、供应商和转售商那里，甚至可以通过观察对手来获得情报信息。无论是公开还是非公开的信息，只要与企业或者行业有关，都应该成为搜集对象。比如商业刊物、贸易展览品、新闻报道以及对手的年度报告等，然而具有更大价值的却往往是那些不被多少人掌握的非公开情报信息，这也是各企业极力想弄到手的情报。

企业一般通过搜集来的情报分析行业状况、分析竞争对手的未来动向。但科特勒提醒广大商家，在企业分析其他企业的同时，其他企业也有可能在对你的企业做同样的事情。各个企业也会制造出一些“混淆视听”的虚假信息，以防范对手掌握到对自己不利的情报，如此反复循环，整个市场上的信息就会变得极为复杂，这对搜集情报尤其是搜集竞争对手的情报提出了更高的要求。

在营销情报呈现爆炸式增长的同时，由于利益的驱使，一些道德上的问题也会出现。在情报信息源多元化的今天，对情报采集不可忽略其所造成的道德层面上的影响，因为道德行为往往会影响到企业的口碑，一些采用正当渠道获取情报的办法损耗的成本或许会更大，但站在维护行业公平竞争氛围与声誉的层面来考虑，企业值得花费这些成本。

分析市场需求，预测消费动向

市场需求即某个产品和服务市场中消费者的需求总和，它不仅是数量的总和，还包括性能、质量、包装等众多因素；不仅是指对当前市场上已有产品或者服务的需求，还包括尚未开发生产或者投入市场的产品或者服务的需求。在现代企业的营销活动中，营销决策是以市场需求为核心的。

潜在市场需求在实际研究中更具有价值。在进行市场需求分析前，首先需要确定地理区域与目标市场；然后按照一定的科学抽样方法在目标人群中抽取样本，对样本进行调研，获得其购买需求等相关的信息数据；最后采用相关数学模型，从样本需求推算整个市场的需求，市场需求分析的大致过程就是这样的。然而市场需求涵盖的内容一般都有哪些呢？下面这一需求分析报告就是一个很好的说明。

目前，世界上最大的石材消费市场，非美国国内石材市场莫属，其市场份额大约占世界石材消费市场的20%。而美国石材工业并不发达，由于又受到国内相关法律的制约，所以，国内石材消费市场基本依靠进口来满足。多年以来，美国的石材进口量一直位居世界第一位，国内石材80%的需求都需要从国外进口。

美国的石材消费需求现在主要以大理石（包含洞石和部分石灰岩）和花岗岩为主，以石英石、板岩、砂岩等为辅，各种石材所占比例为：大理石为45%，花岗岩为50%，其他石材在5%左右。虽然大理石和花岗岩占主导地位，但是其市场份额比却在不断地变化。根据有关专家估计，到2015年前后，大理石的市场份额将扩大至大约55%，花岗岩的市场份额则会降至45%。

在美国石材消费市场，由于大理石属于中、高端产品，终端零售价格相对来讲比较高，因此，美国国内消费市场虽然受到经济下滑的影响，购买能力有所下降，需求也出现不振，但因为购买力低的消费者转而使用价格便宜的花岗岩或者购买价格低廉的瓷砖，所以对高端的大理石产品，美国国内市场需求并没有增加，反而还出现了整体下降的趋势。

市场需求的内容是结构性的，通过美国大理石市场需求分析案例可以看出，主要包括市场环境因素分析及对需求的影响分析、各产品类型的需求分析、行业上下游市场需求分析及相关影响分析等。

完整的市场需求分析过程，应当包含市场需求调研、数据整理和分析等阶段，以市场需求分析结果作为项目决策和产品开发的依据，也可以用来指导企业的生产与销售。在分析过程中，找出影响市场需求的各种因素，以及从有关数据中论证出各因素对其影响的大小才是最重要的；对于通过数据推出的需求分析结果，从理论上要给出合理的解释，甚至还要对市场需求进行科学的预测分析。

科特勒曾经说过，市场需求分析是对新产品或者新服务在市场上的行情把脉。与变幻莫测的人生相比，市场行情有着比较稳定的发展规律，因此，对其进行科学的预测分析通常会准确的多，甚至可以说是一项很有必要的工作，否则企业未战就会先输一盘。

良好的市场适应能力有利于企业在竞争中取胜

科特勒认为，那些为吸引投资而进行的品牌定位，往往依赖于某一地区对不断变化的全球市场需求的适应能力。

我国香港在回归祖国的怀抱之后，不仅经受了 1997 年与 1998 年的亚洲金融危机，而且经历了由该危机带来的连续 5 个季度的持续衰退，之后又在新的经济中饱受磨炼。行政智囊团与很多私人部门的诸多支持者认为，应将香港后续的改革集中在减少对诸如投资银行业与房地产业等投机性服务业的过分依赖方面。所以，政府开始采取相应的措施对高附加值产业表示支持，尤其是高科技部门的发展和投入。

中国香港开发了一个占地面积多达 22 公顷，耗资 6.4 亿美元的现代科技园，以及耗资 158 亿港元兴建的电脑港。电脑港与硅港都是同私人部门合办的，而科技园区的董事长威克多·罗本身就是一个私人部门代表，金峰产业董事长兼首席代表则是他的另一个身份。

我国政府也十分热衷于在我国香港经济的主要部门，包括银行与电信行业，实现发展自由化，以刺激竞争，使企业的运营成本有所降低。

据亚洲发展银行观察："中国香港于1999年1月开始对国际电话市场管制放宽，于1999年3月开始推行便携式移动电话，不仅带来了更多的供应商，还带来了以更优质、廉价的服务来参与市场份额争夺的激烈竞争。"银行改革按照香港标准，同样非常严格。根据改革政策的规定，外国银行能够增加3个分支银行，解除了以往利率的限制。为有效减少对本地资本市场与对其提供长期融资银行部门的依赖，中国香港货币局想方设法地加强资本市场的发展，将引进抵押债券也包括在内。

然而，中国香港所面临的大挑战还在后面。教育基础设施难以培养出使我国香港成为一个技术中心所必需知识工人的数量与质量。上海同其他新兴的大陆工业中心，以及很多曾经是中国香港经济传统支柱的服务行业的企业与香港地区的企业进行着激烈的市场争夺。

但仍有现象表明，我国香港与亚洲其他一些地区正在进行健康的转变。它们已经设计出地区营销计划，主要是为了创造出提高吸引力的新环境。马尼拉正逐渐从一个经济污水池转变成高科技人才资源中心，而在这之前，印度班加罗尔也实现了与其相类似的成功。新加坡也正通过效仿我国香港解除对银行与信息部门的限制，通过不断的努力，让自己发展成为亚洲金融中心。

科特勒在研究中指出，既然现在各地都正在为减少总投资额而激烈地竞争，那么良好的市场适应能力必将是快速而有效取胜的法宝。在那些不善于适应或者适应速度不够快的地方，就会眼睁睁地看着自己作为投资、旅游与新居民理想目的地的声望逐渐下降。在特殊或极端的情况下，因为经济危机与政治因素、社会各种关系的重组，各地还会出现某种程度的经济困境。这些地区甚至还会缺乏使企业元气得以恢复的国内资源。一些小的乡镇与城市失去了其主要产业或者商业——往往被新技术更替与变化无常的市场环境无情地淘汰。它所带来的影响就是产生极高的失业率、破产的企业、废弃的资产以及居住环境设施设备的朽毁。人们与企业纷纷迁徙，让税收基础更加弱不堪言。而这一税基正是该社区努力为其学校以及其他公共服务设施融资的根本所在。

还有更糟的情况是，在缺乏充足的基础设施支持以及就业机会的情况下，大量的农村居民向城市迁移又会带来一系列新的问题。比如，公共安全与管理的不足极易在萧条的地区出现并加快该地区的衰败。一旦区域性或者国际媒体对这种糟糕的情况进行报道，在人们的心目中留下深刻的印象并屡次加以强化，那么就需要经过几十年的时间才能改变这种不利的社会经济颓废现象。

然而，有很多严重萧条的地区仍旧有重生的潜力。对此，科特勒认为，只要有良好的适应能力，正确的领导以及视野，就能彻底改变现状。

还有一些地方在历史上具有“繁荣—衰败”这一循环运动的规律特征。通常而言，各工业与成长型企业的混合体对商业界的运作非常敏感。香港就是如此，它通过从传统的劳动密集型产品的生产转型为现在以服务业为主，诸如银行业与金融，房地产业的开发，电信与供应链的管理，成功应对了“繁荣—衰败”这一周期的威胁，使我国香港成为该地区通往中国大陆的主要门户。

提供全方位服务，在竞争中尽显优势

随着市场竞争的日趋白热化，服务已成为企业品牌的另一个形象。具体地说，现代所有的企业都可以被列入服务业行列，而企业要做的是如何才能让其服务组合与质量产生差异化，以便在同一行业中居于领导地位。

科特勒认为，全方位的服务是产品在市场中取胜的根本。虽然总是有一些公司因服务出众而声名卓著，但也有很多公司因服务欠佳而形象难予公布。我们来看下面的案例。

1. 联合汽车保险公司

作为名列全美获利最佳的保险公司之一，联合汽车保险公司只对军人及其家属推销保险和金融服务，根本没有登门拜访式的保险推销员。该公司所有的保险都是通过电话营销的方式完成的，而且保存有每位客户的详细记录。不管是白天还是晚上，无论是一周中的哪一天，当客户给该公司拨打电话时，客户的电话号码都能够迅速地被“来电显示”系统予以辨识，并且该客户的记录会迅速地在电话营销人员的计算机屏幕上出现，所以电话营销人员在通话中就可以关心该客户的家人近况，比如问询该客户的儿子是否刚买了一辆车等，其实这些都会让客户感到惊喜。关于客户提出的种种问题，对保险知之甚详的电话营销人员都能够提供满意的回答，并且他们所提出的保费估价，往往要比竞争者低廉很多。所以，联合汽车保险公司被客户视为“他们所遇到的能够提供最佳服务的一个公司”。

2. Saks 百货

Saks 百货走的路线是高档路线，它以一种提供个人购物服务的方式开展经营。客户可以提前打电话进行预约，在到达该店以后，就能进入一间有沙发、书桌和电话的套房。接着，Saks 的工作人员会为你免费提供一杯饮料，一位专属服务人员会带上一些衣服走进房间供客户挑选。Saks 的工作人员还会将衣服寄往客户家中。假如 Saks 百货已经排定了打折计划表，客户自然就会收到通知。倘若客户在购物后才开始打折，那么客户将得到差价金额。一般情况下，Saks 百货每年都会寄上一份让人惊喜的礼物给那些消费金额达到某种程度的客户。上述的一切服务措施，均有利于建立 Saks 客户对这家公司品牌的忠诚度，不然客户就很容易到其他百货店进行购买。

3. 阿米尔健康保险公司

位于巴西的阿米尔健康保险公司是由 4 名医生共同创立的。现如今，该公司不仅在巴西健康保险业居于行业领导地位，还在阿根廷健康保险业中正以每月 18%的速度增长，并不断地向得克萨斯州的奥斯汀以及内华达州的拉斯维加斯进行扩张。阿米尔健康保险公司将自己看成是捍卫健康的公司，而不是疾病的承保商。它推行的是一种“全方位的照顾”。当然，如果保险公司能够协助客户常保健康，那么，申请医疗金的案件就会有所减少，该公司就会获利更多。在发展高水平的服务和客户愉悦感方面，该公司也有着非常杰出的行为：

* 一周 7 天，每天 24 小时，客户都可以打电话进行咨询，以便及时获得医疗建议和帮助。甚至非该公司的客户也可以得到相同的服务，此举使原本并不是该公司的客户纷纷转向了阿米尔健康保险公司。在巴西国内，阿米尔健康保险公司的电话号码可谓众人皆知，同时也会出现在每一次的广告宣传中。

* 在一切大型体育活动当中，都能见到打着阿米尔健康保险公司标志的救护车在旁待命，以便对突发病患者提供紧急救护服务，不管该病人是否为该公司的投保户。救护车的现实存在为该公司做了进一步的宣传。救护车在有必要的情况下甚至还能充当一间小型的手术室来使用。

* 由阿米尔健康保险公司购买的直升机可以向受困于遥远地区、亟须紧急服务的投保户提供载运服务，这是别的保险公司所没有的。

* 只需每月多付 25 美元，保户在国外进行手术的费用就可以由阿米尔健康保险公司来支付。

* 所有阿米尔健康保险公司的保户都能在其经营的连锁药店中享受药店折扣，这个折扣高达 50%。

* 根据疾病倾向（吸烟、心脏病、乳腺癌等），阿米尔健康保险公司将资料库中的保户进行分类并鼓励保户学习特别的健康教育课程，以协助他们逐渐拥有健康的身体。

* 虽说健康保险费用较高，大家还是非常乐于向阿米尔健康保险公司投保。这主要得益于它所提供的体贴照顾和优质服务。

4. HSM 管理研讨会

在这里，我们要介绍的是另外一家世界级的巴西服务公司。HSM 邀请了顶尖管理大师，比如汤姆·彼得斯、阿尔文·托夫勒，莅临在巴西和阿根廷召开的研讨会。HSM 作为研讨会的主办方，拥有世界一流的管理研讨会经验。因为 HSM 在业界声名远播，它平均能够吸引 800～1 200 名巴西和阿根廷的中、高级企业人士，支付 700 美元的费用来参加为期一天的研讨会。在研讨会那一天，HSM 主要有以下几种做法。

* 在街头竖立精美的指示牌，引导前往会场的车辆；当研讨会结束的时候，指示牌上面写的就换成了“感谢来宾参与”的话语。

* 在会议中心的大厅里，满布着与会的参展企业以及赞助企业展示间，营造出浓郁的商展氛围。

* 所有来宾都可以免费拨打市内电话和一次长途通话。

* 在所有的座位上，HSM 都特意设计出一个软垫，使来宾坐着更加舒服。

* 所有来宾都可以获得一份工作手册（如果你是左撇子，会有专门供你使用的工作手册）。每本笔记簿都会包含圆珠笔和便条纸。

* 在会议第一节的休息时间，迟到的来宾都可以得到一份特殊的摘要说明，上一节会议演说的内容会在上面扼要记载。

* 在会议休息时间，大屏幕上会显示当天最新的外汇汇率，这是因为来宾对币值波动往往都会很感兴趣。

* 在午餐结束后至研讨会重新开始之前的一段时间里，会由一名著名的喜剧演员进行为期 20 分钟的节目表演。

* 任何一位出席研讨会的来宾都能享有当天的医疗保险。因为 HSM 已向阿米尔健康保险公司进行投保，所以阿米尔健康保险公司的救护车就停在会场门口，以防意外事故出现。

* 在离开研讨会场时，所有的来宾都可以选择一份男士或者女士礼物带走。

此外，HSM 还为出席过 6 场以上研讨会的经理人成立了专门的俱乐部。当这些人到达研讨会场的时候，就能够享受到步行红地毯上的礼遇，还能得到烫金的笔记本、限用在某些商店的九折优惠券、出席年度特别活动的邀请函、邮寄的经理人比较感兴趣的文章和由演说者亲笔签名的书等，每出席10场研讨会，就能免费参加下一场的座谈会。

毫无疑问，HSM是世界上最能让客户有愉悦感的研讨会主办商。所有曾经受邀发表的演说者，无一例外地证明了从未有其他主办商提供过更好的礼遇。演说者都被安排于高级套房住宿，由HSM协助其设计相关的研讨会，并享有专门的机场接送服务，能够免费拨打国际电话。总而言之，他们得到了HSM的周到服务。

科特勒认为，区分制造业和服务业的差异似乎没有太大的必要，一切行业都应该是服务业才正确。

首先，购买产品的消费者，其实所购买的都是来自于产品的预期服务。每一种产品都传递着一种服务：汽车传递的是运输服务，肥皂传递的是清洁服务，教科书传递的是信息和教育服务。

其次，很多制造商除了生产产品外，也会提供相应的服务。在全球各地，卡特彼勒公司都承诺可以在24小时内维修设备。其实，卡特彼勒公司高达60%的利润，都是来自于维修用零部件和服务的销售而赚取的。

最后，那些以制造为主的公司，也会聘用很多从事服务的员工，这些人包括科学家、设计师、工程师、市场研究员、会计师、运送人员以及中、高级经理等。汽车公司中有很大一部分员工，都属于服务性质而并非制造性质的员工。

用新产品去拓宽竞争市场

什么是企业生命的源泉？新产品是企业生命的源泉，任何一家企业都不能只停留在现有的产品和服务上，而应积极地去开发新产品，只有这样，才能拓宽竞争市场。

科特勒指出，一家企业一旦对市场进行了认真的分析，选择了目标客户，识别顾客需求并确定了自己的市场定位后，便可以更好地开发新产品。企业营销人员在企业开发新产品的过程中起着关键性的作用，需要和研发人员密切配合，对新产品的创意进行辨认和评价。

如果一家企业想获得新产品，可以通过新产品开发或者收购来实现。产品开发通常有两种形式：一种是，委托研究机构或者新产品开发公司来设计适合企业自身发展需要的产品；另一种是，企业凭借自己的研发力量进行新产品的开发。而通过收购来获取新产品的方式又可分为三种：购买另外一家公司的新产品、从其他公司购买许可证以及购买特许经营权。

科特勒曾经反复强调，如果企业经营者不把开发新产品当成一项企业的生存战略来考虑，那么，他所面临的风险有可能十分巨大。现在，消费者的需求和口味一直在变，技术正在以史无前例的速度发展，大大缩短了产品的生命周期，市场竞争日渐激烈，在这种经济环境下，企业不能因拥有现有的产品每天“高枕无忧”，而是日日都要“居安思危”。

企业进行新产品开发的风险非常巨大。很多企业在新产品的研发上投入了大量的资金，最终却因这样或者那样的原因而惨遭失败。科特勒曾对一些企业开发新产品失败的原因做过以下分析。

1. 高层管理者可能不顾那些已经从市场调查中获得的信息，只凭自己的喜好推行自以为不错的产品。

2. 产品的创意也许挺好，但对市场规模做了过高的估计。

3. 实际产品并未达到当初的设计要求。

4. 产品的市场定位有误，市场推广活动毫无成效，或者产品的定价太高。

5. 由于产品的开发成本太高，以至于产品后期计划很难进行。

6. 竞争者对新产品的反应很快，超出了预先的估计。

与此同时，科特勒还对影响开发新产品的因素做过以下分析。

1. 在某些领域，由于存在各种制约因素，所以缺乏重要的新产品构思；而能够改进基础产品的方法也不多。

2. 过度细分的市场。因为激烈的市场竞争，市场的分化已经非常细致，所以各企业只好把自己的新产品对准比较小的细分市场，而非一个大众化的市场需求。这就意味着企业不得不把自己的新产品定位在某一“特色”上，最终获得较少的销量与利润。

3. 社会和政府的限制。政府规定任何一种产品都要符合消费者的安全与生态平衡要求，特别是药品和玩具等行业，这就降低了企业的创新速度。

4. 开发新产品的代价太高。为了找出少数几种好的产品，一家企业必须仔细地进行大量的调查和研究，做出很多种方案。在开发新产品过程中，还必须面对有可能上升的研发成本、制造费用和营销费用，因为这些都有可能对新产品的开发造成影响。

5. 资本短缺。很多企业尽管做好了研发新产品的准备，但是却很难提供创新研究所需的费用。

6. 开发新产品完成的时限缩短。在某一种新产品取得成功后，当然不能排除竞争对手会以飞快的速度模仿这种新产品，这就使企业创新面临越来越大的压力。

通常来讲，真正属于创新的产品数量仅是所有“新产品”数量的10%。因为这些产品需要开拓新市场，所以对企业而言，风险相当大。对大部分企业来说，其研发的中心事实上是着力于对现有的产品进行改进，而非创造一种新产品。比如在索尼公司，其新产品活动的80%是对现有的产品进行修正与改进。

在企业中，最高管理者需要对新产品的命运负责。科特勒表示，最高管理者要为开发的新产品确定业务领域、产品类型与明确的标准。除此之外，还要对新产品可能带来的机会有一个客观认识。对企业而言，若能赶在竞争对手进入市场前入市，那么，新产品期望贡献的毛利就会越多，对企业也会产生更大的意义。

此外，新产品开发小组必须参与研究和开发、工艺制造、采购、营销和财务等领域的工作，唯有在这种合力协作下，开发新产品才能最有效地进行。新产品创意的研究工作必须从市场营销的角度出发。科特勒表示，在任何新产品的开发过程中，均有跨职能的小组参与开发本专案的所有过程。

企业采用何种方法确保其新产品的成功，关键在于新产品本身是否具有竞争优势。科特勒认为，产品最终的设计者是顾客，开发任何一种新产品都必须把顾客需求放在第一位。

要知道，企业推出新产品，绝非越快越好。把企业的产品种类繁殖到一个什么样的程度，对企业而言是令人头痛的大问题。倘若产品分类过多、过细，则有可能使企业在经营过程中感到力不从心。因为那些针对某一特定人群的产品，可能不会有太大的销量，有的时候甚至很难维持自身的生存。而过多的产品，或许会给商店在陈列上带来困难，也可能会给消费者的选择增加困扰。但是，企业的产品如果过少，则难以满足消费者的各种需求，且在面对竞争者的攻势时或许会处于劣势。

那么，企业究竟需要推出多少新产品才算是恰到好处呢？科特勒指出，在决定产品繁殖程度的时候，营销决策者应该认真审视新产品能否真正为消费者带来新的满足？是不是真正填补了市场中的空缺？能否扫除被竞争对手所忽视的盲点？零售商与消费者是否真的希望有新产品进入这个市场？唯有认真地考虑以上这些问题，营销决策者才能在面对推出新产品问题的时候正确地做出选择。

用低廉的价格赢得消费者的青睐

营销专家发现，在产业中享有低成本地位的企业能够把积极性定价执行得最好。其中，能带来低成本的因素包括规模、经验、地价低的地点、优异的成本控制，或者供应商与经销商有比较强的议价能力，等等。

“西南航空”的创始人因有感于高价机票吓跑很多不经常做短程旅行的乘客，第一个推出了多组同区域城市间的廉价机票。票价之所以低廉，是因为西南航空通过以下几种措施降低了成本：它并不通过旅行社来出售机票，所以减少了10%的佣金成本；它不提供机上餐饮，所以起飞和着陆的时间都比其他需要装载食物上机的航空公司要短，也因为不提供餐饮，机组成员的人数也可以减少；它并不提前安排座位，以免降低登机速度。这一战略为乘客提供的服务内容是“享受较少，价格大幅下降”。与令人生疑的机上餐饮品质相比，乘客其实更偏爱西南航空的这种做法——降低票价。另外，西南航空聘请并培训出满腹热情的机组人员，这些机组人员以对乘客态度友善而著称。甚至有一些死心塌地的西南航空乘客说，西南航空实际上提供的是一种“超值的服务”，而不是“享受较少，价格大幅下降”的服务。

“竞争战略之父”迈克尔·波特在《竞争战略》这本书中曾经说过，“价格领导”是三种制胜的竞争战略之一。日本就是经由实施价格领导而在几种市场上取得胜利的。美国的德州仪器也是依靠经验曲线定价法，使其生产的晶片和其他配件能够以低于竞争对手的价格进行销售，先取得数量领先的地位，接着便可以降低规模成本和经验曲线成本，使德州仪器能够进一步地降低销售价格。与此同时，它的竞争对手因为销量有所下降，累积生产量有所减少，经营成本较高，被迫对被人们认为是“日用品”的产品制定较高的价格。这个理论其实非常有效，尽管它并不是完全没有任何风险。

科特勒认为，那些在产业中享有低成本地位的企业，通常可以将积极性定价执行得最好，而可以给企业带来低成本的因素有规模、经验等。

客户在坚持享有较低价格的时候，企业可以要求客户放弃包含在价格中的某些服务，比如免费安装、免费运送、免费培训。科特勒曾说，企业可以将删除服务所节省的潜在支出予以量化，关键问题是，企业的降价金额必须低于实际节省的成本。比如，某企业一般花100美元提供运送，它可以提供降价 80 美元却不负责运送来达成交易。这样一来，该企业就可以借由不附带其他服务的模式增加 20 美元的利润。

一般来说，成本低的企业在制定低价战略方面处于最有利的地位——尽管它们也可以选择制定比较高的价格，并将这部分的收益投入产品和服务的改良。科特勒认为真正的问题是，在全球激烈竞争的时代，成本低的企业能够维持多久低成本的地位。如果某企业本来在美国从事生产，后来为了追求比较低的成本，将生产线转移到中国台湾。随着在中国台湾的制造成本越来越高，该企业又将生产线转移到了马来西亚。而后，中国大陆与印度的生产成本变得更低，中欧也衍生出了新的低成本竞争对手。而另一个准备建立这一产业的国家，可能会给新兴产业一定的补贴，补贴金额可以使其国内产品的出售价格低于国外企业产品的出售价格。很显然，长期维持最低成本的地位并不是一件容易的事情，这就使得企业长期采取低价制胜的战略可靠性不高。

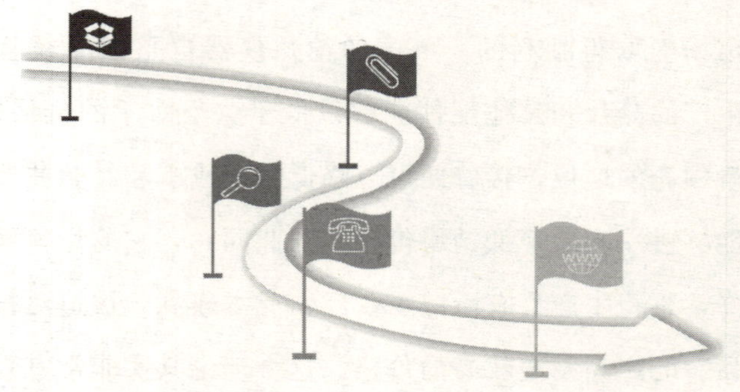

第十二章　社会责任：企业应担负起的社会责任

随着经济和社会的进步，企业不但需要对赢利负责，而且还需要对环境负责，并承担相应的社会责任。其中，企业应承担的社会责任指企业在商业运作中对所有影响或被企业决策影响的个体或群体。企业的社会责任强调的对环境、顾客和社会的贡献。

满足客户需求是企业的首要责任

企业存在的价值之一便是为了满足客户的需求，这也是企业应担负的社会责任之一。企业的每一位员工都必须要“为客户着想”，全力以赴地提供优质产品与服务，让客户满意——这是企业经营的本质，也是市场营销的要求。

日本丰田汽车公司可谓是家喻户晓，但是很多人不会想到，几十年前，在丰田首次向美国出口小汽车时，推向美国市场的“丰田宝贝”由于内部设计不合理，存在较严重的缺陷，发动机还“轰轰”作响，外形上也缺乏美感，因此仅售出了228辆。丰田汽车公司对于初战失败痛定思痛，将焦点重新集中在了对市场需求的定位上，并且对汽车在美国的消费品市场进行了大量的调查和研究。美国的经销商和消费者到底需要什么，成为他们当时主要研究的问题。

那时，美国人将汽车视为地位象征的观念正在淡化，越来越追求汽车实用化，这被丰田汽车公司及时发现。人们在希望汽车实用、便宜的同时，丰田汽车公司还发现，美国人还希望汽车耐用、耗油少和维修方便，以及不少人都希望拥有一种转弯灵活、停靠方便的小型车。

于是，丰田汽车公司将这些发现充分地利用起来，对自己的产品进行了改进，以迎合美国人的实际需要。针对美国人的身高，丰田汽车公司设计了扶手的长度和腿部的空间，在对汽车外形进行改造的同时，对外部装修更加注重，甚至还注意到一些不起眼的细节。

丰田汽车公司正是凭借这种建立在科学的市场调查与分析基础之上的努力，将之前的问题妥善地解决了。由丰田汽车公司生产的“皇冠”客户不满意率从 1969 年的 4.5％下降到了 1973 年的 1.3％，在汽车行业很快建立起了市场信誉。除此之外，丰田汽车公司还建立了一套卓越的服务体统，从而消除了美国人在购买进口汽车时对售后服务方面产生的疑虑。

丰田汽车公司经过不懈的努力，终于在美国站住了脚，而且企业接着还采取扩张战略，通过对产品不断地改进来满足客户需要。对于汽车质量的理解，丰田汽车公司用这样一句话来概括——适合客户需要。他们将对产品的改革看成是客户的需要，而并不是产品自身的需要。丰田汽车公司设计自己的产品，完全是根据广泛的调查研究和收集客户反馈的资讯。为了能让客户获得满意，丰田汽车公司通过“无缺陷”的概念找出产品不合格的原因，并通过“QC”小组来鼓励员工为产品品质的提升做出贡献，相应采取了一系列的“质量控制”措施。

只要客户有需要，企业就要随时为其提供服务。科特勒在自己的著作中，曾经反复强调，所谓“市场营销”，就是通过与重要的客户建立起有特定价值倾向的关系，“赢利”地使客户满意。

在科特勒看来，营销部门本身是不能达到这一要求的，它必须与企业其他部门密切配合、通力合作，并且与价值传递系统内的所有其他组织合作，以便向客户提供更大的价值。

现在，很多零售业及百货商店都遵循这样一个黄金准则：客户至上。科特勒分析说，有不少服务行业都将这句话作为一个信念广为宣传，在世界某知名零售企业的卖场内，张贴有这样一幅标语：客户永远是正确的。百货类企业直接为客户提供商品和服务，这是他们与制造商和批发商不同的地方，他们是商品流通的最后一个环节。**零售业作为一个直接面对消费者的行业，消费者需求导向策略就是其必须遵循的首要原则。**

所有成功的企业几乎都有这样一个特点，就是始终强调“以客户为中心”并大力进行市场营销。界定明确的目标市场并满足客户需要，激励每一位员工为客户创造更超值的价值，能够高质量地做到让顾客满意，是这些企业一向致力在做的。

对自身的产品，企业早就做出了理想的需求评估，但是也必须充分地意识到，还是很有可能出现其他的意外情况的，比如过量需求、需求不足或者没有需求。所以，企业营销部门必须找到方法解决这些不同需求状况，负责改变甚至减少需求，或者负责寻找、增加需求。

构建营销渠道，为客户提供便利

科特勒认为，随着现代科学技术的进步与营销理念的发展，渠道管理已不仅是实体产品营销需要考虑的问题，像银行、保险、旅游与股票买卖等服务行业，也开始构建各自的营销渠道。而其中，渠道营销要领并不仅仅局限于实体产品的分配，还重在为客户提供便利。

20 世纪 90 年代，银行卡、ATM、POS 机在我国开始推广应用，国内网上银行、电话银行和手机银行等新银行业务渠道也开始“萌芽”。其中，国内网上银行是最具代表性的一种服务。

1997年12月，中国工商银行在互联网上开办了自己的网站，是国内最早推出网上服务的银行。经过3年的内部信息化以后，工商银行又于2000年2月与8月分别推出了具有独创性以及领先地位的企业网上银行与个人网上银行。此后不久，该行网上银行业务就不断创新、版本快速升级、功能与性能也不断提升。特别是在企业网上银行业务上，工商银行先后推出了集团理财、网上结算、网上收费站以及B2B与B2C在线支付、银企互联、贵宾室、财务室、网上支付结算代理等诸多国内首创产品。这些业务与产品因为精确地把握了客户需求，充分地利用了现代网络信息技术的优势，市场培育了一段时间后，企业网上银行业务获得了众多客户的认可并迅速得以发展。

从21世纪初开始，工商银行电子银行业务的发展就具有井喷之势，并以几何级数迅速增长。然而，在电子银行迅猛发展的同时，工商银行也注意到一个问题，电子银行作为银行的营销渠道之一，其本身并不具备个性化的竞争优势，这也是纯网上银行模式之所以不能获得成功的关键所在。

SFNB是世界上第一家网上银行，开业仅两年时间就因为亏损而被出售。但是从竞争发展战略的角度来看，电子银行作为一种多渠道的资源整合工具，不管是意义还是内涵，都非比寻常。工商银行的独辟蹊径并不在于其单独推出网上银行、电话银行和手机银行等全套的电子银行服务业务，而是利用自己已经占有的实体网点优势，重新对其进行整合，以实体银行的信誉、信用与基本功能为平台，延伸自己的虚拟网点，从而实现了“1＋1＞2”的效果。

作为银行，就应该为客户提供最便利的存、取款方式；作为医院，就必须建立在需要充分医疗服务的人群所在的区域；作为学校，就需要建立在接近学龄儿童上学的地方……服务业也同样面临着渠道选择这一问题。工商银行为银行服务渠道开辟了新方式，就是通过开通网上银行实现的。

科特勒指出，在当前我国的服务业渠道选择问题上，最主要的问题还是关于服务所在位置的选择。不管以什么样的渠道形态去赢得顾客，中介机构所在的位置也就是服务业公司应设置在什么地方，是非常重要的。银行、会计师事务所、法律顾问公司、餐厅和干洗店等服务业公司面临的位置决策，同销售实物产品的公司不会有什么区别。我们在选址以及仓储时，也可借鉴一下实物产品的渠道管理方式，使自己建立的渠道更为科学和合理。

全面的品质管理是创造价值的关键

企业要想保持偿付能力与赢利局面，必须要全面实行品质管理计划，除此之外别无他法，因为全面的品质管理是创造价值与顾客满意的关键所在。

在麦当劳，“顾客永远第一”是其奉行的准则。麦当劳奉行的“QSCV”原则，即质量、服务、清洁和价值。其中，“质量”指的是麦当劳对食品质量实施严格的控制。比如，麦当劳所采购的牛肉要经过40多项品质检查；食品制作完成后超过一定的期限（麦当劳规定汉堡的油炸时间是10分钟，薯条的油炸时间是7分钟）后必须丢弃。正是这种非常严格的标准，使顾客随时随地都能放心地品尝麦当劳所提供的品质一流的食物。“服务”指的是麦当劳始终遵循细心、关心及爱心的服务原则，为顾客提供周到、热情、快捷的服务。“清洁”指的是麦当劳制定并执行了严格的清洁标准。“价值”指的是麦当劳向顾客提供更有价值的高品质理念。现在，麦当劳奉行的这一原则既是其经营理念的体现，也由于其严格周详的量化标准而成为一切麦当劳员工的行为准则。

科特勒认为，质量是指一个产品或者服务的特色与品质，这些品质与特色将影响产品满足各种或明或暗的需要能力。由此可见，科特勒的定义是以顾客为导向的，当产品与服务满足了顾客期望时，也就意味着向顾客提供了质量。而那些质量优秀的公司就是在大部分情况下，满足了大部分顾客的实际需求。

在科特勒看来，营销经理在以质量为中心的公司负有两大责任。一是他们必须制定正确的战略和政策，旨在帮助公司实施全面品质管理，并且还要保证这些战略和政策能够收到预期的效果；二是他们必须在生产质量之外向顾客传递其营销质量，并在营销调查、专业人员培训、顾客服务以及广告等方面执行一个较高的标准。

营销人员在公司中也承担有重要的职责，共有六项：一是营销人员必须正确识别顾客需求；二是营销人员必须确保把顾客的要求正确地传达给产品设计者；三是营销人员必须确保顾客订单能够正确、及时地得到满足；四是营销人员必须确保顾客得到了有关怎么使用产品方面的指导、培训和技术性帮助；五是营销人员在产品销售后不要忘了和顾客始终保持联系，以确保顾客需求能够得到进一步满足；六是营销人员应当收集如何改进产品服务的意见，并把它们反馈给公司的相关部门。由此可见，营销人员的任务绝不仅仅是卖出产品，而是为全面的品质管理和做到让顾客满意而发挥极为关键的作用。

科特勒在自己的著作中指出，在推广产品或者服务时，营销人员首先要做的就是让顾客了解产品质量。因为只有在充分的了解和认可的基础上，顾客才能够做出购买决定而不会后悔。在宜家家居，有一种专门定做的测试仪，用来记录橱柜的柜门与抽屉的开关次数，从家具进入商场的那一天开始，这种记录仪便准确记录下了柜门以及抽屉的开关次数，因此顾客可以清楚地看到，宜家家居产品在经过这么频繁的开关以后，其性能依然可以保持完好。

总而言之，质量营销并不是一时一地的努力所能做到的，它是关系到企业的每一个环节（比如生产、管理以及销售等环节）的复杂工程，需要企业长期不断的努力。

研发新产品，促进社会的进步

如果没有不断出现的新产品，便不会有社会的不断进步，而现代企业担负的责任之一便是研发新产品，以促进社会的不断进步。

科特勒认为，市场营销学中所说的“新产品”未必是科学技术发展史上的新产品，它也可以是企业营销角度上的“新产品”。这些产品也许不是新发明、新创造的产品，但只要在性能或者形态等某些方面有所变化，和原有的产品相比有所改进与提高，就可以称为“新产品”。

希尔顿花园酒店作为希尔顿的新产品，除了是公司成长策略的起点之外，也是为客户提供重大价值的源头。在设计上，该花园酒店不只是扩大了希尔顿的产品类别，它更是弥补了行业本身的缺陷。它锁定的旅客既善于精打细算，同时又希望在住宿时能够享受到高质量的服务，因此只要收费低于中等价格的上限，他们都是可以接受的。

希尔顿花园酒店为了服务那些挑剔的旅客，不仅十分注重设计上的美感，店内也提供了所有必要的服务。比如，在每家希尔顿花园酒店的接待处，均有一面玻璃墙，供人签名；备膳室内备有精心调配的微波包装食品、冷藏与冷冻食品，还有各种各样的零食；舒适的中庭大厅设有电视与壁炉。除此之外，饭店内还有会议室、洗衣店和不可或缺的餐厅。无论是室内游泳池、按摩池还是健身房，均属标准化的设施。每一间客房都为商务旅客专门配置了一套科技办公设备，饭店内还设有商务中心，供旅客每天24小时免费使用。

希尔顿花园酒店拥有相当丰富的创新经验。它是首家横跨东西两岸的连锁饭店（在1943年成形），也是首家拥有空调与客房直接电话的饭店。在1959年，它第一个创出“机场饭店”的概念，建立了希尔顿旧金山机场饭店；在1973年，希尔顿花园酒店推出了业界最为先进的计算机化饭店订房指示和回报系统，优良率高达99%；在1995年，希尔顿花园酒店率先推出了饭店业的首个综合式网站；在1999年，希尔顿花园酒店花费3 000万美元将以往的订房系统改成了最为先进的中央式订房系统，让全世界500多家饭店连成了一个整体。

另外，希尔顿花园酒店还投入了大量的资金，对客户所使用的科技产品配备进行改善。如今它正在实验“公用网络亭”这一概念，只要通过这些安装在饭店大厅里的网络亭（按次计费），客户便可以在网上收发电子邮件。希尔顿花园酒店的资深营销副总包伯·德克斯曾这样说：“我们希望在饭店业能够成为无人企及的科技领导者。”希尔顿花园酒店目前最新研究的技术设备是一种包含尖端技术的视讯会议设备，它是由IBM公司和位于俄亥俄州德顿市的Telesuite公司一起研制、开发的。Telesuite公司的网络能使虚拟的面对面会议在完全同步的音讯和视讯环境中举行，并且“分坐两端”的影像好像和实物的大小一样。有人已经在比弗利山庄的希尔顿花园酒店试用了一下，尽管影像还无法如实物那样逼真，但是尺寸倒是与实物同样大。

科特勒曾经说过，若想永远成为市场的主体，并且拥有一定的市场占有率，企业就应当永远不间断地对新产品进行研究与开发，只有这样，才能在激烈的市场竞争中屹立不倒。通常来讲，企业可以从以下几方面着手制定新产品策略。

1. 加强差异化

这一策略的实现可以通过改进工艺法、降低成本法、改换包装法和增加功能法等，其特点是运用已有的技术能力，基于现有的技术，对原有的产品进行小量的改进和研究，并不进行技术上的革新，主要是根据消费者的意见反馈对某些不合适的地方进行部分变动。和全新产品开发相比而言，比较简便易行，不仅无须更高深的技术，也无须大量的投资，小改小革就能收到大的成效。

2. 促进产品的更新换代

为了满足更多消费者的需求，企业可以通过部分地采用新技术、新结构或者新材料来制造产品，让产品性能和原有的产品性能相比有大幅度的提高。这一策略也可以用于当一种原材料供应紧张或者价格上涨时，用新材料将传统材料取而代之。

3. 改变品牌形象

一个良好的品牌凝聚着企业不懈努力的成果与千千万万个使用者给出的高度评价。新产品要依靠良好的品牌树立公众形象，这是由于消费者有的时候仅凭品牌印象做出购买决定。

4. 创造市场需求

市场需求关键在于经营者不断地挖掘消费者的购买行为潜力。所谓的“创造市场需求”，是指在产品开发过程中创造人们之前并不知道、想象不到而真正实际潜存的需求。创造市场需求不能仅仅通过直观的判断与一时的心血来潮，它要求对潜在市场与潜在需求进行准确的分析、把握与预测，使企业生产的产品获得市场认可。

5. 增进产品组合

产品组合可以说多种多样，既可以是两项技术的组合，又可以是多种产品的组合。比如，爱迪生发明的电灯是将两项已知的元素集合在一起，从而形成了一种新组合；丹麦的风车制造业是将古代文明和现代科技紧密地结合在了一起，被人们誉为“西方科技之奇观”。

协助客户降低各方面的成本

随着市场竞争的日趋激烈，企业面临着各方面的巨大压力，其中就包括增加成本的压力。而如何让客户认可定价比较高，而实际成本反而比较低，成为企业面临的一个重要问题，这就需要企业具有主动协助客户降低各方成本的能力。

科特勒曾经提出两种协助客户获得较低成本的方法：一种是向客户证明虽然该公司的价格比较高，但从长远考虑，客户付出的总成本相对较低；另一种是指导客户如何降低使用过程中的其他成本。下面对这两种方法进行解读。

1. 向客户证明虽然公司价格较高但总成本较低

虽说奥的斯电梯的价格在印度要比其他竞争者高，但它在电梯业拥有高达80%的市场占有率。原因就在于，在接到要求服务的电话之后，奥的斯电梯服务人员能在一个小时内赶到现场，能够让客户使用电梯发生故障、维修缓慢以及使用者被惹恼所带来的更为高昂成本得以避免。

而那些收费较高的公司，会向客户做出“一起面对困难，一起分摊风险”的承诺。比如，某顾问公司由于确信可以为它的客户每年节省100万美元，所以向客户做出“如果无效，就不收顾问费”的承诺；某医疗设备制造商向客户承诺在3年之内不调整产品售价。在这种情况下，如果这段时间其成本降低，该公司就能够多赚一笔；但如果成本上升，它就可能会少赚一点。

但是即便客户被说服可以享有较低的长期成本，一些采购单位仍会购买那些报价较低的企业，因为它们还会受到维持较低采购成本的压力，甚至该部门并不需要负担后续故障以及出现问题的成本费用。

2. 指导客户降低使用过程中的其他成本

虽说有些公司收取的价格较高，但会告诉客户如何将其他成本降低。那么，企业该如何做才能协助客户节省金钱呢？康宁公司给它的业务工程师提供了很多节约成本的办法。其实该公司也向其他致力于为客户节省费用的公司推销其培训课程。康宁公司的营销思路是对客户的产品购买以及使用周期进行通盘考虑，从客户日常的订购、仓储、处理和行政管理流程中，找出节省成本的合理方法。

科特勒在研究中指出，可节约成本可以分为以下几个内容。

（1）协助客户降低订购成本

那些经常下订单的客户，通常会面对很多书面作业。供应商可以向客户提供一套网上订购软件系统，让客户能够更加轻松地实现订购计划。麦克森公司是一家年营业额高达数百万美元的药品批发商，它为众多客户提供软、硬设备，使订购过程能够更为顺利地进行，从而有助于降低客户的生产成本。该公司的“单一链接程序”能够自动执行预编和后编的功能，检查在剂量信息、计价、填充限制以及品牌推荐等方面是否正确，以确保保险公司和政府机关能够收到合适的报价信息。

（2）协助客户降低仓储成本

在较早的时期，供应商都曾试图运送大量的产品给经销商，让其保持高库存。采取这一做法的原因主要有两个：一个是可以避免存货不足情况的出现；另一个是，可以将经销商置于偏好该供应商品的巨大压力下。但时至今日，经销商也同样面临降低一切成本的巨大压力，其中就有居高不下的仓储成本。科特勒针对这一情况提出了三种解决方法。

*保持及时供应：供应商可以对客户采取少量多次的运送模式。由于缺乏储藏空间，日本7—11便利商店库存数目很少。7—11各家分店都会采用即时的方式，将实际销售出的物品项目传回总公司；7—11的仓库之后会按照各分店每小时所售出物品的记录，预计未来数小时内的顾客需求，每天给各分店运送三次补给品。

*进行寄卖：供应商可以采用寄卖的方式，使中间商的库存成本得以降低。只有当寄卖物品销售出去的时候，中间商才支付供应商的费用。

*提供外包库存管理：供应商有时的做法是替客户对库存系统进行管理。巴克斯特医疗用品公司通过调研发现，很多医院的库存控制亟须改进——库存要么太多要么太少。巴克斯特医疗用品公司便接替马萨诸塞州总医院对其库存系统进行管理，为其降低了80%的库存水平，节省了20%的成本。该医院因为用较低的成本购得适当数量的补给品而获益匪浅，借由担任把关者的角色巴克斯特医疗用品公司成功实现获利，这是由于其他医疗用品供应企业都得通过巴克斯特医疗用品公司才能进行销售的缘故。

（3）协助客户降低行政成本

客户通常会面对很多让人气馁的行政成本。比如，客户可能看不懂供应商所给的发票，供应商应该让客户能够很方便地打电话给其财务部门要求说明；或者是客户可能会对延误交货感到沮丧，供应商应让客户能够很容易地追踪到运送日期。宝洁公司和通用电气如今都已经设立了大型的电话服务中心，每周 7 天、每天 24 小时开放，以便客户能够随时表达自己的不满、提供建议或者提出咨询。而提高客户忠诚度的最好机会莫过于能让客户随时联络到供应商。

对营销人员实施专业的培训

企业的社会责任还包括对员工的责任，对员工的责任又包括对营销人员实施专业的培训。科特勒认为，良好的培训能让营销人员产生强烈的归属意识与团队意识，形成和其他成员相一致的价值观；而培训过程就是一种引导营销人员为实现公司目标与期望而努力的正规途径，其具有专门的、明确的目标以及程序，是训练一名专业营销人员必须经历的道路。

作为世界上最大的信息工业跨国公司以及计算机制造销售公司，美国 IBM 在全球拥有的雇员数量多达 30 余万，业务遍及全球 160 多个国家与地区。IBM 公司始终坚持“将顾客放在心上”的信念。在很多企业里，给那些“长”字辈当“助手”的都是一些拎公文包、整理文件以及跑腿的。在 IBM 公司却不是这样的，有些最优秀的营销人员往往会成为公司最高官员的助手。担任这项职务的时间通常为 3 年，在这 3 年中，他们只需要从事一项工作，那就是必须每天在 24 小时内对顾客的每一条意见都要进行答复。

美国 IBM 公司要求其营销人员必须记住一点：公司是“靠顾客与市场来驱动的，而不是靠技术来驱动的”“IBM 公司所有的资源都应该供给顾客使用”。所以对顾客提出的每一项建议，都必须从顾客的立场来考虑是否最为经济的。“像拿着顾客的薪水那样来做事”，这正是公司希望推销员们树立的意识。

只有顾客持续满意IBM公司的产品和服务，才会成为IBM公司的忠实客户，IBM公司深知这一点。所以，IBM公司的高层管理人员严格实行定期访问顾客的计划。该公司的一位高级财务人员不但自己开展销售访问，还坚持让他手下的员工也全都这样做：“如果不了解顾客，又如何能够设计出收款单呢?”董事长约翰·奥佩尔也非常强调这一点。他说：“你必须记住由谁来付账才行。不管你的主要专业是什么，财务也好，生产也罢，你都必须理解并体验到货物卖出去时的那种喜悦心情。只有到了那个场合，才能真正树立你正在做生意的意识。”

科特勒曾指出，服务的品质取决于公司的训练教育。在这方面，IBM公司做得非常到位，它已经在全球所属的公司上投入了大量的钱财，为企业员工所提供的训练和教育是任何一家公司都难以比拟的。

在IBM公司，基本销售训练长达15个月，70%的时间都花在了分理处，30%处于像大学那样的环境中。紧接着就是高级科目的训练，这些安排都严格得像钟表一样。比如，每年都有1 000人以上要经过公司总裁班的培训。这个班是由8位哈佛大学的教授以及6名该公司自己的教授来主持，目的就是要“教会人们明白顾客当总裁时是如何考虑问题的”。另外，还有大概1 000名推销员要经过公司高级财务干部班的训练，这个班也是跟美国哈佛大学合办的。他们必须要学会财务管理人员的思维模式。这是一项让每个人（不论资历）每年预计受15天正规训练的培训计划中的一部分。IBM公司对于服务也有着极其严厉的一面。客户代理人必须对所安装的设备承担“全部责任”。IBM公司国际贸易部负责人也再三强调这一点，他说：“我们公司做起事来，总给人感觉是在害怕所有的客户就要保不住一样。”

此外，还有一些非常严厉的制度，其中就有一项名为“丧失客户情况联合检查制”。地区销售处与销售分理站的销售人员，每月都会聚在一起讨论客户丧失的情况。另外，总裁、董事长以及高级经理们都会收到每日报表，内容就是关于客户是如何丧失的。

无论是在早期成功的时代还是在现如今的竞争时代，美国IBM公司都将服务放在了第一位。IBM公司也正是在这种理念的支持下对自己的营销人员进行培训的，可以毫不夸张地说，IBM公司就是靠服务来享誉天下的。

在科特勒看来，今天的顾客已经不能忍受那些不称职的营销人员了。顾客有更多的需求，也面临着更多的选择。顾客希望营销人员能够对产品有深度的认知，能够提供创意从而改进顾客的选择，是有效的也是可以信赖的。所以，对营销人员进行专业化的培训是我们必须要做的。

一般来说，企业对于营销人员的培训主要有以下四方面：一是了解公司并知晓公司各方面的情况；二是熟知本公司的产品；三是掌握本公司各类顾客与竞争对手的特点；四是明白怎样进行有效的推销展示，以及懂得现场推销的工作程序与责任等。

很多公司总是在雇用新推销员之后就立即让他们开始工作，他们拿到样品与许可证，得到很多模糊的指示（比如“在密西西比西部推销”）。培训项目代价非常昂贵。对很多公司而言，培训项目就意味着要在授课老师、资料、地点、薪水和尚未推销而需要支付薪水的人上面投入大量的钱财，而这些人中由于没有领会推销的机会，又白白地丢掉培训所付出的成本。

现如今，新推销员不管在哪儿都能够花费几个星期、几个月甚至长达一年的时间参加培训，而这种培训平均要花费四个月的时间。

科特勒在研究中提到，开展培训通常有几个目的。推销员需要对公司进行了解并和公司融洽相处，因此，多数培训课程的设置都是为了介绍公司的历史以及目标、组织、金融结构和设施，当然还包括主要的产品与市场。推销员还需要对公司的产品进行了解，需要观看产品的生产过程。另外，推销员必须对顾客与竞争对手的特点进行了解，因此，有些培训课程的设置是为了教给他们竞争策略、不同类型的顾客与他们的购买动机以及购买习惯。这是因为推销员必须先知道怎样才能进行有效的介绍，通过培训使其推销原则得到训练。最后，推销员还需要对销售的整个过程与职责进行了解。他们需要学习怎样在实际客户与潜在客户之间合理地分配时间，怎样使用财务支出账目，怎样准备工作报告，进行有效的沟通。

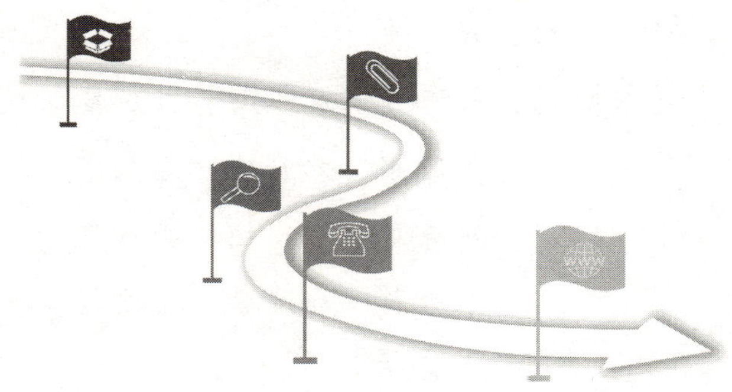

本书作者名单

作　　者：薛　波

参与撰写：薛　波　唐华山　王应黎

段凤娟　郑月玲　郭东华

郑海龙　崔　艳　唐洪飞

李彩莉　郑茂章　谢俊超

唐荣银